GTB
Gütersloher Taschenbücher
739

Die Autoren

Rabbiner Dr. Gilbert S. Rosenthal erhielt seine Ausbildung in New York an der orthodoxen »Yeshiva-University«, der »Columbia University« und dem konservativen »Jewish Theological Seminary« (JTS). 1957 wurde er am JTS zum Rabbiner ordiniert. Dort hat er auch mehrere Jahre als Professor für Homiletik gewirkt. Mehr als drei Jahrzehnte arbeitete Rosenthal als Gemeinderabbiner, bevor er zum Generalsekretär des »New York Board of Rabbis« berufen wurde. Diese Organisation vertritt Rabbiner und Rabbinerinnen aller Richtungen und ist damit die größte übergreifende Rabbinervereinigung der Welt. Rosenthal ist Mitglied der »Rabbinical Assembly« der amerikanischen konservativen Bewegung und hat in der »Commission on the Philosophy of Conservative Judaism« an der Erarbeitung der Prinzipien des konservativen Judentums *Emet Ve-Emunah* mitgewirkt. Rabbiner Rosenthal ist Autor mehrerer Bücher und mit seinen Programmen regelmäßig im amerikanischen Fernsehen vertreten.

Rabbiner Dr. Walter Homolka erhielt seine Ausbildung an der Universität München, dem »Leo Baeck College« und dem »King's College London«, der Hochschule für Philosophie München, dem »St. David's University College Lampeter« der Universität Wales, der »Greenwich University« und der Karl-Marx-Universität Leipzig. Neben einer Laufbahn in der Wirtschaft und nach seiner Ordination wurde Homolka Rabbiner an der Jüdischen Liberalen Gemeinde »Beth Schalom« in München. 1998 wurde er zum Landesrabbiner des Landesverbandes der Israelitischen Kultusgemeinde von Niedersachsen gewählt. Rabbiner Homolka ist Mitglied im Exekutivkomitee der Europäischen Sektion der »Weltunion für progressives Judentum« und einer ihrer Gouverneure. Am Europäischen Rabbinatsgerichtshof in London und Amsterdam wirkt er als Richter. Homolka ist Autor mehrerer Bücher. Mitherausgeber des »Jüdischen Gebetbuches« und der Zeitschrift »European Judaism«. Rabbiner Homolka ist Mitglied der »Assembly of Rabbis der Reform Synagogues of Great Britain«, der »Rabbinic Conference« der »Union of Liberal and Progressive Synagogues« und der »Assembly of European Rabbis«. 1998 erhielt er das »Marshall Memorial Fellowship« des »German Marshall Fund of the United States«.

Gilbert S. Rosenthal
Walter Homolka

Das Judentum hat viele Gesichter

Die religiösen Strömungen der Gegenwart

Gütersloher Verlagshaus

Titel der Originalausgabe:
Das Judentum hat viele Gesichter

Die Deutsche Bibliothek – CIP-Einheitsaufnahme

Rosenthal, Gilbert S.: Das Judentum hat viele Gesichter:
die religiösen Strömungen der Gegenwart / Gilbert S. Rosenthal; Walter Homolka. –
Gütersloh: Gütersloher Verl.-Haus, 2000
(Gütersloher Taschenbücher; 739)
ISBN 3-579-00739-4

Bildnachweis

Bottequin, Jean-Marie: Titelbild oben rechts (Rabbiner Walter Jacob und Lea Mühlstein); Congregation Beth Am 63, 80, 98; Congregation Emanuel 51; Congregation Rodef Shalom 57; Gemeinde Beth Shalom 72, 88; Gossmann, Chris 97; Jewish Theological Seminary 104, 105, 108 oben, 108 unten, 111-113, 119-121; Kemmether, Reinhard: Titelbilder (oben links, Mitte unten links); Knesebeck Verlag 12, 30, 35; Leo Baeck College 26; Piatti, Livio 145f., 150, 155, 159, 166, 167 oben, 167 unten, 169 (Die Bilder von Livio Piatti wurden entnommen aus: Schtetl Zürich. Von orthodoxen jüdischen Nachbarn, erschienen im Offizin-Verlag, Zürich 1997); Priesand, Sally J. 83; Reconstructionist Rabbinical College 125, 127-129, 131, 133-135, 141f.; Rosenthal, Gilbert S. 179; Rüttger, Reimund 68 unten; Bibliothek Rengstorf an der Universitätsbibliothek Osnabrück 11, 16-23, 25, 47, 71, 174; Schliack, Amos 153, 157, 177f., 180; Schmidt, Margrit: Titelbild unten links (Avital Gerstetter); Stiftung Neue Synagoge, Centrum Judaicum Berlin 69; Union of American Hebrew Congregations 13, 24, 38, 41, 45, 52-56, 81, 87, 101, 103; Union progressiver Juden in Deutschland, Österreich und der Schweiz 42f., 74f.; World Union for Progressive Judaism 49, 59, 62, 64, 67, 68 oben (Edi Kosmin), 76 oben, 76 unten, 77f., 84-86, 91, 93f., 96.

ISBN 3-579-00739-4

Umschlaggestaltung: INIT, Bielefeld
Druck und Bindung: Clausen und Bosse, Leck
Gedruckt auf chlorfrei gebleichtem Werkdruckpapier
Printed in Germany

Inhalt

Zu diesem Buch

Das moderne Judentum hat sich in nur zweihundert Jahren beachtlich entwickelt. Noch nie war es so einfach, *koscher* zu leben und den *Schabbat* und die Feiertage zu befolgen. Trotz der vielen aktuellen Probleme im Judentum – dazu zählt eine steigende Zahl von Mischehen genauso wie weltweiter religiöser Analphabetismus und eine niedrige Geburtenrate – hat das Judentum nach dem Zweiten Weltkrieg seine Lebendigkeit unter Beweis gestellt.

Zu keiner anderen Zeit bot das Judentum mehr Möglichkeiten, sich zu engagieren und zu verwirklichen, als heute. Juden finden eine jüdische Identität in *Chawurot*, in informellen Synagogen und Gotteshäusern oder in einer Vielzahl von religiösen, weltlichen, kulturellen, sozialen und zionistischen Organisationen. Die jüdische Gemeinschaft ist voller Chancen und Alternativen. Damit unterscheidet sie sich nicht von ihren christlichen oder muslimischen Nachbarn.

Von den dreizehn Millionen Jüdinnen und Juden auf der Welt leben etwa sechs Millionen in den Vereinigten Staaten von Amerika. In diesem Land, das von der *Scho'ah* nicht direkt betroffen war, konnte sich die ganze Vielfalt jüdischen Lebens besonders gut entwickeln. Die jüdische Gemeinschaft Amerikas soll deshalb in diesem Buch als Muster dafür dienen, wie sich das Judentum weiterentwickelt hat, als in Deutschland schon alles zerstört war.

Mehr als drei Viertel aller amerikanischen Juden gehören einer progressiven Richtung des Judentums an, sechs bis acht Prozent zählen sich zu den Orthodoxen, der Rest fühlt sich keiner Mitgliedschaft zugehörig. Damit ist klar: eine Betrachtung des Judentums durch die »normative Brille« der Orthodoxie führt zu Fehlschlüssen und einer falschen Perspektive, denn auch weltweit gehören mehr als zwei Drittel des religiös geprägten Judentums nicht der Orthodoxie an. Deshalb ist es von großer Bedeutung, die anderen Strömungen zu kennen und sie geistesgeschichtlich einordnen zu können.

Der grundlegende Unterschied zwischen orthodoxem Judentum und progressiven Strömungen ist das Verständnis von Offenbarung. Nichtorthodoxes Judentum setzt die Offenbarung nicht absolut, sondern versteht sie als einen fortschreitenden Prozeß des Dialogs von Gott mit seinem Volk. Nach diesem Verständnis enthält die jüdische Tradition Elemente, die inzwischen nicht mehr zeitgemäß sind, ja sogar aus heutiger Sicht als Irrtum gelten können. Auf der Basis dieser historisch-kritischen

Methodik des Umgangs mit der Tradition entstanden sämtliche nichtorthodoxen Strömungen im Judentum. Da sie alle von Entwicklung sprechen, gehören sie zum »progressiven« Judentum im weitesten Sinne des Wortes. Dieses Wort könnte also sehr gut Reform-Bewegung, konservatives Judentum und Rekonstruktionismus umschreiben. Im engeren Sinn umfaßt es jedoch vor allem die verschiedenen Gruppierungen des Reform-Judentums, die in der »Weltunion für progressives Judentum« zusammengefaßt sind. Gerade die europäischen Mitglieder dieses Dachverbandes haben zwar weitreichende Gemeinsamkeiten mit dem konservativen Judentum Amerikas, sind aber organisatorisch nicht eng verbunden. Der amerikanische Rekonstruktionismus dagegen arbeitet in der »Weltunion für progressives Judentum« mit. Deshalb wird in diesem Buch der Begriff »progressives Judentum« vorrangig als Oberbegriff für das liberale und Reform-Judentum verwendet.

Die vier wichtigsten religiösen Bewegungen und zwei etwas kleinere Gruppierungen werden in diesem Buch vorgestellt, um einen Eindruck von dem Spektrum religiöser Vielfalt im Judentum zu vermitteln. Daneben gibt es noch zahlreiche weitere. Diese Teilung hat bei den Juden Disharmonie und Uneinigkeit hervorgerufen, aber sie hat das jüdische Leben und Denken auch bereichert. Sie machte aus dem Judentum eine aufregende und lebhafte Gesellschaft. Was sind das für verschiedene Bewegungen? Wie entwickelten sie sich? Wer sind die Männer und Frauen, die diese verschiedenen geistigen Richtungen geschaffen haben? Wofür steht jede einzelne Bewegung? Was sind ihre grundlegenden Lehren, und wie sieht die Praxis aus? Das wollen wir auf den folgenden Seiten untersuchen.

Ziel dieses Buches ist es zum einen, Juden im deutschsprachigen Raum deutlich zu machen, welche Vielfalt unsere Religion für sie bereithält. Jeder Jude kann heute einen Anknüpfungspunkt finden, der seinen persönlichen Bedürfnissen und Erfahrungen entspricht. Wegen eines Mangels an Auswahl braucht ein Jude sich nicht anderen Religionen zuzuwenden. Es wäre eine Tragödie und ein ironisches Versagen, wenn wir bei dieser beachtlichen Menge an jüdischen Erfahrungsmöglichkeiten das Interesse am Judentum und am Jüdischen Volk verlieren würden.

Dem nichtjüdischen Leser wollen wir ein besseres Verständnis für die unterschiedlichen Richtungen im Judentum bieten. Wir sehen es als Beitrag für eine Vertiefung des jüdischen Dialogs mit seinen Partnern in einer pluralistischen Gesellschaft.

Die *Thora* wird als Lebensbaum bezeichnet für all die, die an ihr festhalten. Unabhängig, welche Wahl man trifft und welche jüdische Alternative man wählt, es kann auch unser Lebensbaum sein, wenn wir nur daran festhalten.

Ein solches Buch ist nie möglich ohne die vielfältige Hilfestellung engagierter Menschen, bei denen wir uns an dieser Stelle von Herzen bedanken wollen. Rabbiner Richard Hirsh, der Generalsekretär der »Reconstructionist Rabbinical Association«, und Judith Chesnick vom »Jewish Reconstructionist Rabbinical Seminary« haben sehr dazu beigetragen, daß die Darstellung des Rekonstruktionismus lebendig geworden ist und aus erster Hand stammt. Leda C. Goldsmith und Rabbiner Richard Block von der »World Union for Progressive Judaism« haben uns ebenfalls tatkräftig unterstützt. Ohne die Hilfe von Rabbiner Tovia Ben-Chorin und Rabbiner Clifford Kulwin wäre vieles nicht möglich gewesen. Das gleiche gilt für den »New York Board of Rabbis«, die weltweit größte Rabbinerorganisation mit orthodoxen, liberalen, konservativen und rekonstruktionistischen Mitgliedern. Wie stets, konnte man von Professor Stefan Schreiner aus Tübingen nur lernen. Herzlichen Dank dafür. Die Lektorin Maike Tippmann hat diesem Buch übermenschliche Kräfte gewidmet und dadurch tiefe Einblicke ins Hebräische gewonnen. Andreas J. Hinz hat das Projekt ebenfalls nach Kräften unterstützt und zur schönen Illustration des Buches beigetragen. Ganz besonders wichtig war die Zusammenarbeit mit Annette Böckler aus Wuppertal. Ihre einfühlsamen Ratschläge und ihre tatkräftige Mithilfe machen jedes Projekt zu einem Vergnügen.

Rabbiner
Dr. Gilbert S. Rosenthal
New York

Rabbiner
Dr. Walter Homolka
Hannover

Vom traditionellen zum modernen Judentum

Vielfalt hat Tradition

Zu keinem Zeitpunkt in seiner langen Geschichte bildete das Judentum eine einheitliche Gemeinschaft. Es ist vielmehr eine Fiktion des 19. Jahrhunderts, daß es in den vorangegangenen vierhundert Jahren ein normatives, unbestrittenes Judentum gegeben hätte. Sicherlich ist der Wandel von einem traditionellen und einförmig strukturierten Judentum, wie es für das mittelalterliche Ghetto kennzeichnend war, zu einer pluralistischen Vielfalt der Interpretationsansätze jüdischer Tradition eine Erscheinung der Moderne. Diese Entwicklung beruht auf den Einsichten der Aufklärung genauso wie auf der historisch-kritischen Methodik, mit der nicht mehr absolut gesetzt werden kann, was in einem Prozeß der geistigen Entwicklung über Jahrhunderte hinweg als Produkt menschlicher Auseinandersetzung mit Gott gewachsen ist.

Dennoch ist es auch für das Judentum vor der Aufklärung nichts Ungewöhnliches gewesen, die verschiedensten Positionen in sich zu vereinen. Schon das jüdische Leben vor dem ersten Jahrhundert kannte mit Pharisäern, Sadduzäern, Therapeuten, der Gemeinschaft am Toten Meer, und Hemerobaptisten ganz unterschiedliche Strömungen. Zwischen ihnen bestanden beträchtliche rituelle und theologische Unterschiede, obwohl sie alle innerhalb eines anerkannten jüdischen Bezugsrahmens standen. Auch als nach Zerstörung des Tempels 67 d.Z. aus dem Pharisäertum das rabbinische Judentum erwuchs, blieb das Bild bunt und vielfältig. Mit dem Untergang von Tempel und Staat waren die alten Konkurrenten von der Bildfläche der Geschichte verschwunden, und das Judentum pharisäisch-rabbinischer Prägung vermochte es, eine neue Form jüdischer Religion zu schaffen, die – einer gewissen Tempelromantik zum Trotz – ein vollgültiges Leben in der Zerstreuung (*Diaspora*) ermöglichte.

Dies schloß tiefgehende Meinungsunterschiede nicht aus, die uns in der mündlichen *Thora* nach wie vor überliefert sind. In der religiösen Praxis gab es erhebliche Unterschiede zwischen den Rabbinen Judäas und Galiläas, den Rabbinen Palästinas und Babyloniens, ohne deren große Diskussionen zum Beispiel der *Talmud* mit seinem Protokollcharakter nie entstanden wäre. Meinungsunterschiede charakterisieren das rabbinische Judentum geradezu. Im Mittelalter gab es heftigste Kämpfe zwischen den Anhängern und den Gegnern des Moses Maimonides. Und der *Schulchan Aruch* des spanisch-portugiesischen Rabbiners Josef Karo aus dem 16. Jahrhundert hätte nie seine große Verbreitung gefunden, wäre nicht für den *aschkenasischen* Raum der Kommentar und Zusatz des Rabbiners Moses Isserles hinzugefügt worden. Im 18. und 19. Jahrhundert kämpfte man erbittert für oder gegen den Chassidismus. Und selbst innerhalb des sich heute als »normativ« bezeichnenden jüdischen Zweiges gibt es erhebliche Unterschiede in Zeremoniell und Ritual: zwischen *Sephardim* und *Aschkenasim*, zwischen deutschen orthodoxen Juden und denen osteuropäischer oder jemenitischer Herkunft und sogar innerhalb des westeuropäisch geprägten Judentums.

In seiner Autobiographie führt Jakob J. Petuchowski das Beispiel der Orgel an: als im 19. Jahrhundert die Reform-Bewegung Orgeln in den Synagogen Deutschlands und Amerikas einführte, rief dies den erbitterten Widerspruch der Orthodoxie hervor. Über Jahrzehnte hinweg wurde dieses Instrument zum Prüfstein dafür, ob sich eine Synagoge als orthodox oder progressiv definierte. So war die Situation in Deutschland und in den Vereinigten Staaten. Anders in Frankreich und Italien. Dort kam es zu keinem Orgelstreit, denn die Orgel hatte auch in durch und durch orthodoxe Synagogen Einzug gehalten. Bis vor etwa dreißig Jahren begleitete eine Orgel den *Schabbat*-Gottesdienst in der Synagoge Rue de la Victoire in Paris, dem Sitz des französischen Großrabbiners, und die Abschaffung der Orgelbegleitung war so schwierig, wie anderswo im 19. Jahrhundert ihre Einführung gewesen war. Man könnte also behaupten, daß die Vielfalt des Judentums sein einziges gemeinsames Merkmal war und immer sein wird. Im *Talmud*-Traktat *Sanhedrin* 43a findet sich ein schönes Bild für diese Tatsache:

Die liberale Hauptsynagoge in München, die am 16. September 1887 feierlich eingeweiht wurde. Ihre besonders kompakt eingebaute Orgel hatte 1 500 Pfeifen und 25 Register.

Die Synagoge Rue de la Victoire ist Sitz des französischen Großrabbiners. Trotz der orthodoxen Haltung ist bis vor dreißig Jahren eine Orgelbegleitung im Gottesdienst üblich gewesen.

»›Ist nicht mein Wort wie Feuer – Spruch des Herrn – und wie ein Hammer, der den Felsen zerschmettert‹ (Jeremia 23, 29) – In der Schule des Rabbi Ismael legte man diesen Schriftvers folgendermaßen aus: Was geschieht, wenn der Hammer auf den Felsen aufprallt? Funken sprühen! Ein jeder Funke ist das Ergebnis des Hammerschlages auf den Felsen, aber kein Funke ist das einzige Ergebnis. So kann auch ein einziger Schriftvers viele verschiedene Lehren vermitteln.«

Die jüdischen Strömungen der Moderne entstehen

Wenn eine solche Vielgestaltigkeit das Judentum schon kennzeichnete, als es noch unter drückenden äußeren Bedingungen leben mußte, überrascht es nicht, daß mit der Emanzipation der Juden in Europa (1780 – 1871) eine völlig neue Situation entstand. Jahrhundertelang war der jüdische Geist hier recht wenig vom Zeitgeschehen berührt worden. Durch die Öffnung des Judentums auf seine Umwelt hin – während es selbst in einem Prozeß intensiver Wandlung begriffen war – hatte das »jüdische Mittelalter« seinen Abschluß gefunden. Es waren nicht länger die Mauern der Ghettos, die den Juden zum Juden machten. Viele suchten nun eine vernunftbestimmte, den Ansprüchen der Gegenwart angemessene Annäherung an die Werte des Judentums, sein kulturelles und religiöses Erbe und seine Geschichte. Man kann davon ausgehen, daß die dramatischen Veränderungen im Gefolge der Aufklärung und im Umfeld der Emanzipation der europäischen Juden sehr viel radikaler als jemals zuvor zu einer sozialen Durchdringung führten.

Die Frankfurter Judengasse. Bis zur Emanzipation lebten Juden in eigenen Wohnbezirken (Ghetto).

In jedem Fall ist die Aufklärung der Geburtsmoment des gesamten modernen Judentums, wie es sich heute darstellt: des progressiven Judentums als eines Versuches, vor dem Hintergrund der Tradition in die Moderne einzutreten und der (Neo-)Orthodoxie als einer Bewegung der rational unterfütterten Gegenreform zurück zu den Prinzipien einer absoluten und abgeschlossenen Offenbarung. Eine Ausnahme gibt es: der Chassidismus als charismatische Oppositionsbewegung gegen die starre und trockene Gesetzesgläubigkeit der *Mitnagdim* ist einige Jahrzehnte älter.

Die Geistesrichtungen, die davon ausgehen, Offenbarung geschehe progressiv und als ein Prozeß der neuen Auseinandersetzung des Menschen mit Gottes Willen, haben einen gemeinsamen Ausgangspunkt. Im Lauf der vergangenen zweihundert Jahre kam es jedoch zu unterschiedlichen Akzentsetzungen und Nuancierungen. Damit entstanden die Reform-Bewegung, das konservative Judentum und der Rekonstruktionismus. Die heutige Orthodoxie lebt zwar mit der Fiktion, ein über Jahrhunderte währendes »normatives« Judentum zu vertreten und damit älter und ursprünglicher zu sein. Tatsächlich ist sie aber die fundamentale Antwort auf den Wandel im jüdischen Denken, der sich unter den Parametern des 19. Jahrhunderts ergeben hatte.

Die Aufklärung als Geburtsstunde des modernen Judentums

Die emanzipatorische Periode nahm ihren Ausgang am Ende des 18. Jahrhunderts und mündete schließlich 1869 in die rechtliche Besiegelung der Emanzipation der Juden im Gesetz des Norddeutschen Bundes. Die Voraussetzungen für diese Entwicklung waren zum einen die Eingrenzung der Macht der Kirche durch die Säkularisation, zum anderen der Übergang vom Feudalismus zur modernen bürgerlichen Gesellschaft. Politisch gesehen hatte die Emanzipation der Juden in Deutschland die Abschaffung der rechtlichen Eigenständigkeit und Unabhängigkeit jüdischer Gemeinden zur Folge, aber auch das Ende ihrer Stellung als persönliche Schutzbefohlene des Landesherrn. Mit der Gründung eines modernen deutschen Staatswesens wurden Juden in das Rechts-, Wirtschafts- und Sozialsystem einer christlichen Gesellschaft integriert. Auch wenn das Ergebnis der jüdischen Emanzipation hinter dem ursprünglichen Ziel zurückblieb und die soziale Integration nicht vollständig gelang, ist das 19. Jahrhundert doch eine Zeit, in der jüdisches Denken in voller Blüte steht. Juden nutzten die Freiräume, die ihnen die Emanzipation zur Entfaltung anbot, und wurden so Teil der sich entwickelnden modernen Gesellschaft. Einige Folgen des Eintauchens in die Gesamtgesellschaft sind seither nicht mehr aus jüdischem Leben wegzudenken: eine wachsende Zahl von Mischehen und Konversionen zum Christentum oder anderen Weltanschauungen, aber auch die Aufgabe, das Judentum als sinnvollen Weg religiösen Lebens immer neu darzustellen und den Gegebenheiten der Zeit anzupassen. Auch in der Politik vertraten Juden eine eher liberale Haltung, in der Hoffnung, damit die Gleichberechtigung zu beschleunigen.

Um die besondere Situation des jüdischen Lebens und Denkens nach der Aufklärung zu begreifen, müssen wir uns bewußt machen, daß das deutsche Judentum in der Zeit der jüdischen Emanzipation durch die Begegnung mit der Kultur und der Gesellschaft seines christlichen Umfeldes eine grundlegende Neuorientierung erfahren hatte. Die jüdische Theologie des 19. Jahrhunderts war deshalb hauptsächlich mit dieser Verarbeitung der neuen Lebensumstände und mit dem Hineinwachsen von Juden in die moderne Kultur befaßt. Es galt zu beweisen, daß der religiöse Wert des Judentums einzigartig genug war, um zu rechtfertigen, als bewußte Juden in einer christlich geprägten Gesellschaft zu leben. Bis auf den Chassidismus und die jüdische Mystik gründen deshalb alle jüdischen Strömungen der Moderne – das Reform-Judentum, das konservative Judentum, die (Neo-)Orthodoxie und der Rekonstruktionismus – in diesem Bemühen um Identität in einer zunächst christlichen, später säkular-pluralistischen Gesellschaft.

Die Anstrengungen der gesamten jüdischen Theologie, diesen Wert zu belegen, sind dabei sinnvollerweise nach zwei Kriterien zu beurteilen. Erstens: Theologie muß in der modernen gesellschaftlichen Situation, aus der sie hervorgeht, Antworten geben können. Es ist daher zu erwarten, daß die jüdische Theologie von den geistigen Strömungen ihrer nichtjüdischen Umgebung beeinflußt wird. Zweitens: Auch in dieser Situation muß sich das Judentum selbst so treu bleiben, daß es die Bezeichnung »jüdisch« weiterhin verdient. Diese Balance zwischen Kontinuität und Wandel beschreibt die Aufgabe jeder jüdischen Theologie, die in ihrer jeweiligen Zeit Menschen glaubhaft machen will, daß ihre Tradition einen Weg zu religiösem Leben in der Gegenwart aufzeigen kann.

Zusammenfassend läßt sich sagen: Das Judentum des 19. Jahrhunderts stand vor der Herausforderung, Judentum unter veränderten gesellschaftlichen Bedingungen neu zu erklären und für die Menschen wichtig zu machen. Die jüdische Gemeinschaft existierte nicht mehr abgeschottet und ausgegrenzt im Ghetto, sondern hatte die Möglichkeit, an den meisten Aspekten des gesellschaftlichen, kulturellen und wirtschaftlichen Lebens der christlichen Gesellschaft teilzuhaben. Dieser Prozeß der Überwindung alter gesellschaftlicher Schranken machte eine neue Auslegung der jüdischen Tradition erforderlich. Denn nur der Beweis der eigenständigen religiösen Bedeutung des Judentums konnte seinen Willen auf Weiterbestehen rechtfertigen.

Kritische Geschichtsbetrachtung als Rechtfertigung für Wandel

Der erste große Denker des neuzeitlichen jüdischen Denkens, Moses Mendelssohn, ist ein gutes Beispiel dafür, zu welchen Spannungen die Erfüllung dieser Aufgabe führen muß. Der Gehalt des jüdischen Glaubens, wie ihn Mendelssohn sah, war nämlich mit seiner Betonung der allgemeinen Gültigkeit und der vernunftmäßigen Begründbarkeit für Menschen durch und durch modern. Trotzdem hielt Mendelssohn nach wie vor an einer übernatürlichen Sinai-Offenbarung fest, die sich einzig und allein an das Jüdische Volk wendete. Darauf scheint auch seine Befolgung der Gebote nach traditioneller Art zu beruhen, die keine Abweichung von den in der Tradition festgelegten Grenzen zuläßt.

Moses Mendelssohn (1729 – 1786)
Aufklärer und Philosoph.

Da treffen jedoch zwei Ebenen aufeinander, die gar nicht mehr recht zusammenpassen wollen. Seit Kants Veröffentlichung der ersten seiner berühmten »Kritiken« hatte sich die Vorstellung von Geist und Seele so vollkommen verändert, daß Mendelssohns Haltung keine Berechtigung mehr zu haben schien. Der Glaube an eine übernatürliche Offenbarung war verabschiedet worden, und die Möglichkeit, religiöse Wahrheiten außerweltlich belegen zu können, wurde überhaupt in Frage gestellt.

Die Forderung nach einem authentischen Judentum inmitten veränderter gesellschaftlicher und politischer Bedingungen machte es schließlich notwendig, einen anerkannten Maßstab zu finden, wie das Alte und Überlieferte verändert werden konnte, ohne daß zugleich die Verbundenheit mit der Religion der Vorfahren verlorenging. Ein Meilenstein zur Lösung dieser Aufgabe war die Schaffung der »Wissenschaft des Judentums«. Diese theologisch-philosophische Schule begriff das religiöse Denken als Entwicklungsprozeß und stand damit im Gegensatz zu der bis dahin vorherrschenden Idee von Offenbarung als einmaligem Akt des Eingreifens Gottes in die Welt, der sich menschlicher Nachfrage über das Wie und Warum entzog.

Das Erscheinen von Leopold Zunzs Buch »Die gottesdienstlichen Vorträge der Juden historisch entwickelt« im Jahr 1832 gilt als Grundstein der »Wissenschaft des Judentums« und einer wissenschaftlichen Betrachtung jüdischer Tradition überhaupt. Indem er Belege für einen Entwicklungsprozeß in der Geschichte des Judentums beibrachte, schuf Zunz das wissenschaftliche Fundament für die Veränderung des traditionellen jüdischen Glaubensguts.

Zunz inspirierte die erste Generation nicht-traditioneller Rabbiner, deren führende Vertreter Abraham Geiger (1810–1874) und Zacharias Frankel (1801–1875) waren. Das von ihnen in unterschiedlichen Nuancen vertretene Entwicklungsmodell teilte die jüdische Tradition, die bis dahin als ein einheitliches Ganzes betrachtet worden war, in einen überdauernden »Kern« und in sich wandelnde, zeitlich begrenzte Manifestationen dieses Kerns.

Im normalen Universitätssystem der damaligen Zeit war kein Raum für solche Gedanken und entsprechende Forschungsarbeit. Bereits 1836 forderten die Reformer Abraham Geiger und Ludwig Philippson deshalb die Gründung einer jüdischen theologischen Fakultät, in der dieser neue Ansatz Grundlage der wissenschaftlichen Beschäftigung mit dem Juden-

oben:
Jüdisch-Theologisches Seminar in Breslau

links:
Hochschule für die Wissenschaft des Judentums in Berlin

tum sein sollte. Eigene Institutionen und theologische Ausbildungsstätten entstanden. 1854 wurde – mit Zacharias Frankel als Rektor – als erstes das Jüdisch-Theologische Seminar in Breslau geschaffen, 1872 entstand dann unter Abraham Geiger die »Lehranstalt für die Wissenschaft des Judentums« in Berlin. Beide wurden zu Zentren der Wissenschaft des Judentums.

Die religiöse Krise im deutschen Judentum des 19. Jahrhunderts war also die Folge politischer ebenso wie sozialer Veränderungen. Sie entstand nicht zuletzt aus dem Gefühl der Entfremdung vom althergebrachten jüdischen Glauben. Die große Leistung der »Wissenschaft des Judentums« war es, in dieser Situation einen Neuansatz zur Definition jüdischer Identität anzubieten.

Der deutsch-jüdische Rationalismus und das Judentum

Seit der Aufklärung hatten die Gedanken des kritischen Rationalismus die Emanzipation des Judentums begleitet. Interessanterweise waren es zumeist Juden – sowohl auf dem Feld der Philosophie als auch auf dem der Politik –, die sich immer wieder für eine Rückkehr zu den Ideen Kants aussprachen. In den siebziger Jahren des 19. Jahrhunderts, als dessen Ideen erneut in das Blickfeld des Interesses rückten und langsamen Einzug hielten in Philosophie und Theologie, erklärte der Breslauer Rabbiner und Lehrer am Jüdisch-Theologischen Seminar Manuel Joel die kritische Philosophie des Königsberger Denkers schlechthin zur Grundlage für das theoretische Verständnis jeder Religion, die den Einen Gott lehrte.

Rabbiner Manuel Joel (1826 – 1890).

In dieser Situation unternahm Hermann Cohen den Versuch, dieses Programm philosophisch umzusetzen und die unüberbrückbar scheinende Kluft zwischen Ideal und Realität zu schließen. Unter seinem Einfluß konnte sich die deutsche jüdische Theologie des 20. Jahrhunderts von einem zu einfach gestrickten Historizismus freimachen und entdeckte die Frage nach dem Absoluten und dem Glauben an eine Wahrheit wieder: durch eine Rückbesinnung auf Immanuel Kant. Cohen baute den Kantschen Gedanken aus, daß die Ethik den Schlüssel zum Verständnis des menschlichen Wesens und des Aufbaus der Gesellschaft liefere. Die Pflicht, nicht ihre Erfüllung, bilde das Herzstück der menschlichen Existenz. Damit ist eine ewige Aufgabe formuliert, deren Erfüllung in der Realität immer weiter voranschreitet und gleichzeitig unendlich fern und unvollkommen bleibt. Trotzdem muß diese Aufgabe in der realen Welt in Angriff genommen werden, denn andernfalls bliebe sie auf einer rein gedanklichen Ebene stecken. Voraussetzung für ihre Erfüllung aber ist, daß das Ethische mit der Natur verknüpft wird. Diese Verknüpfung wird bei Cohen über die Gottesidee hergestellt: ein Gott, der der Eine und Einzigartige ist, der Ursprung und Quell aller Ethik.

Der Religionsphilosoph
Hermann Cohen (1842 – 1918).

In Cohens Werk »Religion der Vernunft aus den Quellen des Judentums« lassen sich denn auch die überdauernden Elemente des Judentums auffinden: Die jüdische Ethik und das jüdische Gottesverständnis werden als überzeitliche und einzigartige Wesenszüge des Judentums dargestellt. Cohen sieht das Judentum als klassisches Beispiel einer Vernunftreligion. Er erkennt das Bedürfnis nach Zeremonie und Ritual, das heißt die Gesamtheit der nicht-ethischen Ritualgesetze an. Doch all diese Vorschriften treten neben der ethischen Pflicht in ihrer Bedeutung zurück. Die Ethik befähige die Menschheit dazu, das Leben nach dem Sollen, der Pflicht, zu ordnen. Die ethische Pflicht steht an allererster Stelle, nicht-ethische Aktivitäten mögen wichtig oder nützlich sein, sind aber keinesfalls dauernd oder absolut notwendig. Die Einzigartigkeit des Judentums basiert auf seiner Betonung des ethischen Monotheismus.

Dieser Gedankengang bewegte die klassische Reform-Bewegung sehr lange Zeit. Mittelpunkt war der Gedanke der persönlichen Verantwortung und der Fähigkeit des einzelnen, sein Leben zu gestalten. Diese Unabhängigkeit der individuellen Entscheidung bot den Ausweg, sich nicht ganz der Gleichmacherei einer christlichen Umwelt hinzugeben, sondern eine eigene jüdische Position dagegenzusetzen.

Die Emanzipation hatte bei den deutschen Juden einen neuen Umgang mit der jüdischen Tradition eingeleitet. Der Ansatz der »Wissenschaft des Judentums« erwies sich dabei nicht nur als hilfreich für die theoretische Neubewertung, sondern wurde auch zu einem notwendigen Instrument im geistigen Kampf gegen den wachsenden Antisemitismus in Kirche und Gesellschaft.

Emanzipation und »Judenfrage«

Die »Judenfrage« im Deutschland des 19. Jahrhunderts stand im Spannungsfeld zweier gegenläufiger Kräfte: der jüdischen Emanzipation als positiver Entwicklung und des Erstarkens des Antisemitismus als Abstoßungsbewegung. Der Zusammenhang zwischen jüdischer Emanzipation und dem Entstehen der bürgerlichen Gesellschaft war gleichzeitig eine Vorbedingung für das Anwachsen des Antisemitismus als Weltanschauung. Die Situation um die Jahrhundertwende wurde stark von der »Berliner Antisemitismusdebatte« geprägt, die Heinrich von Treitschke im Jahr 1879 entfacht hatte, angeregt durch die Reden des damaligen Hofpredigers Adolf Stoecker. Bereits 1890 initiierten prominente Liberale wie Mommsen, H. Rickert und andere den Verein zur Abwehr des Antisemitismus. Der be-

Für die Emanzipation steht das Frankfurter Philanthropin, das 1804 als Schule für arme jüdische Kinder gegründet wurde.

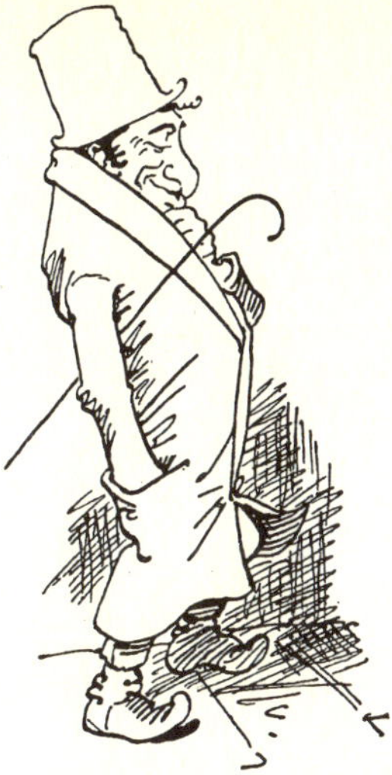

Kurz die Hose, lang der Rock,
Krumm die Nase und der Stock,
Augen schwarz und Seele grau,
Hut nach hinten, Miene schlau –
So ist Schmulchen Schievelbeiner.
(Schöner ist doch unsereiner!)

Der im 19. Jahrhundert weitverbreitete Antisemitismus findet sich mit seinen Stereotypen auch bei Wilhelm Busch.

deutendste Vertreter aus dem theologischen Lager war Otto Baumgarten. Bald darauf, 1893, gründeten die deutschen Juden ihre eigene Vereinigung, den »Centralverein deutscher Staatsbürger jüdischen Glaubens«. Um die Jahrhundertwende war der Antisemitismus noch keine ernstzunehmende gesellschaftliche Kraft, doch schon damals zeichneten sich deutliche antisemitische Tendenzen ab.

Die Haltung der Juden selbst war in dieser Zeit ambivalent. Einerseits lebte der alte Traum von der totalen Anpassung fort. Daneben gab es Gruppierungen, insbesondere die Zionisten, die das Konzept der Assimilation bereits aufgegeben hatten. Es wurde immer offensichtlicher, daß um der Bewahrung des Judentums willen eine »Assimilation« nur dann wünschenswert sein konnte, wenn dabei ein qualifiziertes Maß an jüdischer Gruppenidentität aufrechterhalten würde. Mit anderen Worten, die jüdische Tradition mußte wieder neu formuliert werden, und zwar so, daß sie mit den Gegebenheiten einer modernen Gesellschaft und Kultur vereinbar war. Die historische Bedeutung des »liberalen« ebenso wie des »konservativen« Judentums war von Anfang an – und ganz besonders um die Jahrhundertwende – abhängig davon, wie weit man sich dieser Aufgabe stellte.

Die Neo-Orthodoxie

Wie das progressive Judentum hat sich auch die neuzeitliche jüdische Orthodoxie in ihren unterschiedlichen Erscheinungsformen und Ausprägungen um 1850 herausgebildet. Anlaß war das Bedürfnis, eine traditionsgeprägte Antwort auf den Einbruch der Moderne ins Judentum zu geben, der durch die Aufklärung ausgelöst worden war. Vor allem wollte man damit auf die Reformbestrebungen nicht-orthodoxer Rabbiner reagieren, mit denen diese assimilatorischen Tendenzen der jüdischen Bevölkerung Einhalt bieten wollten.

Zum programmatischen Vordenker dieser gegenreformatorischen Bewegung wurde Samson Raphael Hirsch (1808 – 1888), der zunächst in Oldenburg Rabbiner gewesen war und später in Frankfurt am Main amtierte. 1836 legte Hirsch unter dem Pseudonym Ben Usiel seine »Neunzehn Briefe über das Judentum« vor, in denen er die Emanzipation der Juden ablehnt, wenn sie dafür eine Abkehr vom jüdischen Gesetz verlange. Hirsch war kein Gegner der Moderne. Auch er suchte einen Weg der Aussöhnung zwischen ihr und der Tradition. Sein Motto lautete: *talmud thora 'im derech eretz*, das heißt in der Moderne leben und dennoch uneingeschränkte Treue zur *Thora* zu zeigen. Ein weiteres Buch wird 1837 veröffentlicht: »Chorew oder Versuche über Jisroels Pflichten in der Zerstreuung« ist eine systematische Darstellung von Dogmatik, Ethik und Ritual des rabbinischen Judentums. Hier wird Hirschs Versuch besonders deutlich, die Gebote der *Thora* in einer rational zugänglichen Weise zu erklären. Er setzte sich erfolgreich für die Abspaltung seiner orthodoxen Gemeinde, der

Samson Raphael Hirsch (1808 – 1888) wandte sich gegen die Reform-Bewegung und belebte die Orthodoxie.

»Israelitischen Religionsgesellschaft« in Frankfurt, von der dortigen Jüdischen Gemeinde ein. Ähnliches unternahm Rabbiner Esriel Hildesheimer (1820 – 1899) mit der Gründung der Gemeinde »Adass Jisroel« in Berlin, die sich 1869 neben der Jüdischen Gemeinde zu Berlin etablierte. Damit war die Neo-Orthodoxie praktisch als eigene Strömung innerhalb der jüdischen Gemeinschaft entstanden. Die Werke Samson Raphael Hirschs üben bis heute Einfluß aus auf eine der Moderne nicht abgewandte Orthodoxie. Diese »Modern Orthodoxy« ist vor allem in England und den Vereinigten Staaten von Amerika verbreitet. Ihre geistigen Zentren sind das »Jew's College« in London und die »Yeshiva-University« in New York.

Esriel Hildesheimer (1820 – 1899) gründete die orthodoxe Austrittsgemeinde Adass Jisroel in Berlin.

Eine jüdische Theologie für das 20. Jahrhundert

Im späten 19. Jahrhundert wurde der naive Glaube, die Geschichte sei eine Manifestation des unausweichlichen Fortschrittes der »Idee«, immer problematischer und zweifelhafter. Nach dem Ersten Weltkrieg, in der Zeit von Karl Jaspers, Martin Heidegger und Hans-Joachim Schoeps, wich der positive Ansatz des Idealismus dumpfer Verzweiflung über die Verschüttung des »Ewigen« in einer Zeit der Haltlosigkeit, der Unruhe und der Krise in Deutschland. Etwa zu jener Zeit berief Martin Buber eine Zusammenkunft jüdischer Theologen im Büro der »Reichsvertretung der deutschen Juden« in Berlin ein. Dort stellte er einen Entwurf für die Veröffentlichung einer Anthologie vor, die den Titel »Beiträge zu einer jüdischen Theologie« tragen sollte – ein Werk, das niemals geschrieben wurde. Alexander Altmann hat den Gliederungsvorschlag aufbewahrt. Besonders der erste Hauptteil – »Abgrenzungen« überschrieben – vermittelt einen Eindruck vom geistigen Stand der jüdischen Theologie in damaliger Zeit. Da war zunächst die Frage nach dem

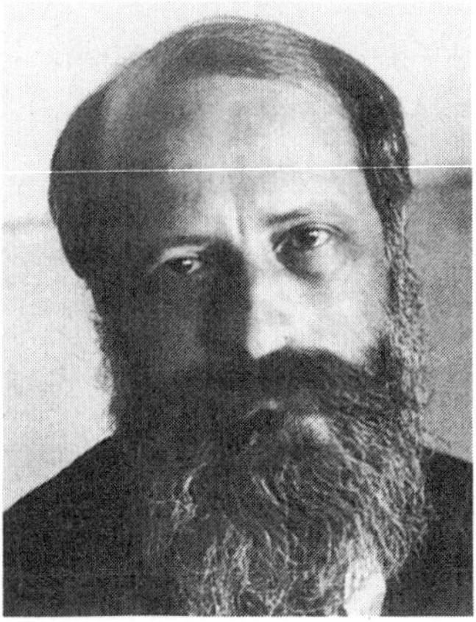

Martin Buber (1878 – 1965) machte die chassidische Gedankenwelt dem westlichen Publikum zugänglich.

Verhältnis von Religion und Staat. Daneben stand das Problem des Messianismus im Gegensatz zur zeitgenössischen Fortschrittsideologie, das wiederum mit der Frage nach dem Verhältnis von Religion und Kultur verknüpft war. Die dialektische Theologie hatte die liberale Vorstellung von der Religion als Bestandteil der Kultur scharf angegriffen und die These aufgestellt, daß die Krise des modernen Menschen gerade aus der Absolutheit erwachsen sei, mit der er sich der Kultur zugewandt hatte. An die Stelle der Kultur sollte nun wieder die Absolutheit des Wortes Gottes gesetzt werden. Diese radikale Infragestellung des Wertes der Kultur war eine Herausforderung für die liberale wie für die orthodoxe jüdische Theologie. War doch im jüdischen Denken die Überzeugung vom religiösen Wert menschlicher Kultur tief verwurzelt. Von daher drängte die von der dialektischen Theologie aufgeworfene Frage auf eine Antwort aus jüdischer Sicht.

Nation und Volk – Jüdische Existenz bei Leo Baeck

Leo Baeck (1873 – 1956) kann als einer der großen und umfassenden progressiven jüdischen Denker Deutschlands und der Welt betrachtet werden. Sein geistiges Gesamtwerk enthält eine intensive und konzentrierte Beschäftigung mit dem »Wesen« des Judentums, mit dem also, was im Judentum über alle Zeitgebundenheit hinweg von dauernder Bedeutung ist. Während des Dritten Reichs weigerte sich Baeck, aus Deutschland zu fliehen, sondern blieb bei all jenen, denen eine Flucht nicht mehr möglich war und zu deren Hirte er nun werden sollte. Das Hitler-Regime bedeutete für sein literarisches Schaffen zwischen 1941 und 1944 eine schreckliche Zäsur. Doch noch im Konzentrationslager Theresienstadt, wo er von 1943 bis 1944 interniert war, arbeitete Baeck weiter. Das Ergebnis dieser Zeit waren zwei Bände mit dem Titel »Dieses Volk: Jüdische Existenz«. Hier wird das Konzept des »Wesens« aufgegeben und durch das der »Existenz« ersetzt. Die religiöse Tradition des Judentums erscheint Baeck nach all dem Erlebten nicht länger als bloßes geistesgeschichtliches Phänomen faßbar, sondern wird für ihn nun zum Ausdruck der Einzigartigkeit des Jüdischen Volkes.

Hatte Baeck zuvor die Einzigartigkeit des ethischen Monotheismus als revolutionäre Kraft hervorgehoben, die mit einer »Offenbarung« in die Welt einbrach, so beschreibt er nun das historische Auftreten seines Volkes als außergewöhnliches Ereignis, »ein Einmaliges«. Die Tendenz sticht ins Auge, weniger von der Botschaft an alle Menschen auszugehen, sondern das ganz konkrete Geschehen zwischen Gott und seinem Volk in den Mittelpunkt der Betrachtung zu stellen: Einzig und allein das Jüdische Volk, so führt Baeck aus, besitze die besondere Gabe, »Geheimnis« und »Gebot« in seiner Religion zu vereinen. Das, was von außen machtvoll in unsere Welt einbricht und sich uns offenbart, wird im Judentum als »das gebietende Geheimnis« erfahren. Von diesem Standpunkt her gesehen ist die jüdische Mystik ein Ausdruck der erneuernden Kraft des Volkes Israel und gerade nicht, wie von Baeck zu Zeiten des Rationalismus einmal behauptet, ein Teil der Judentums, der sich dem Prozeß der Erneuerung entgegenstellt.

Rabbiner Leo Baeck (1873 – 1956) beeinflußte nachhaltig die progressive jüdische Theologie.

Die Erfahrung der *Scho'ah* hatte Baecks Sicht verändert. Insofern ist sein Werk selbst ein Zeugnis der Entwicklung, die die jüdische Theologie im 20. Jahrhundert durchmachte: Von der Leugnung der Einzigartigkeit und dem wesensmäßigen Anderssein des Jüdischen hin zu einer erneuten Bekräftigung der Universalität des jüdischen Verhältnisses mit Gott. Die Frage, die den Theologen bewegte, war eine andere geworden:

Es ging nicht mehr um das »Wesen«, sondern um die »Existenz« des Judentums.

Als Leo Baeck 1956 in London starb, war in seinem Namen gerade das progressive jüdische Rabbinerseminar entstanden. Das »Leo Baeck College« in London ist nur ein Ort, an dem das geistige Erbe dieses großen jüdischen Theologen bis heute weitergepflegt wird. Was bleibt von Baecks Theologie? Sicherlich sein ethischer Ansatz, der den Menschen und seine autonome schöpferische Kraft in den Mittelpunkt stellt. Aber auch die Bewahrung und neuentdeckte Wertschätzung der emotionalen und mystischen Kräfte, die im Judentum trotz aller Vernachlässigung im Zeitalter der Aufklärung wirksam sind. Und schließlich die Hinwendung zu einem moralischen Universalismus, sein »messianisches« Anliegen, das den Menschen auf der ganzen Welt gilt.

Das Leo Baeck College in London bildet progressive Rabbiner und Religionslehrer aus.

Baeck steht am Ende einer Zeit der Suche nach den wesentlichen Elementen des jüdischen Glaubens, einer Zeit, deren Einfluß auf das religiöse Leben des Judentums in unserem Jahrhundert kaum zu überschätzen ist. Es ist noch nicht lange her, da galt als guter Jude, wer an Gott glaubte und sich eines moralischen Lebenswandels befleißigte. Baeck verdanken wir den Brückenschlag zwischen den mystischen und den rationalen Elementen der jüdischen Tradition. Die von ihm gebaute Brücke hat es späteren Generationen ermöglicht, zurückzugehen und erneut zu erfahren, was ihre Vorfahren wußten: Das menschliche Sein bietet eine Möglichkeit der Gotteserfahrung und Gotteserkenntnis, die alle künstlichen Systeme, die auf der institutionellen Seite des Glaubens entwickelt wurden, transzendiert.

Diesen Umschwung im nicht-orthodoxen jüdischen Denken zu Anfang des 20. Jahrhunderts können wir nicht nur in Deutschland ausmachen. Auch in den Vereinigten Staaten von Amerika veränderte sich die Blickrichtung nach hundert Jahren Idealismus und allgemeiner Weltumarmung, als 1937 die Rabbiner der amerikanischen Reform-Bewegung die besondere Aufgabe des Jüdischen Volkes neu betonten. Durch die Wertschätzung der Tradition und die Beschäftigung mit den Geboten sei den Juden aller Generationen eine Möglichkeit gegeben, einen ganz eigenen Weg der Beziehung mit Gott einzuschlagen und als Juden in der Welt wirksam zu werden. Diese Einsicht hatte liberale und konservative jüdische Theologen in Deutschland schon immer einander nahegebracht. In den USA bewirkte die Hinwendung zu einer existentiellen Sicht eine ähnliche Annäherung und nachbarschaftliches Miteinander aller nicht-orthodoxen Strömungen im Judentum. So gleicht die Aufgabe der modernen progressiven Theologen und Gelehrten der ihrer Vorgänger im 19. Jahrhundert: Sie müssen ein Gleichgewicht zwischen Kontinuität und Wandel finden, in dem die Authentizität des jüdischen religiösen Lebens bewahrt und zugleich die Erkenntnis ernst genommen wird, daß Gott sein Volk auf eine Reise mitnimmt, auf der es möglicherweise mit neuen Eindrücken über die Beziehung zu seinem Gott konfrontiert wird.

Von Deutschland nach Amerika

Es ist bedeutsam zu wissen, daß alle jüdischen Strömungen der Gegenwart im Grunde aus Entwicklungen der europäischen, ja deutschen Geistesgeschichte entstanden sind: der Chassidismus in Osteuropa am Ende des 18. Jahrhunderts, das deutsche liberale Judentum an der Wende zum 19. Jahrhundert, die Neo-Orthodoxie wenig später. In Amerika schließlich entstanden das konservative Judentum als von der amerikanischen Reform-Bewegung deutlich unterschiedene Strömung und der Rekonstruktionismus. Selbst diese großen Linien in der jüdischen Geistesgeschichte haben sich nicht ohne Veränderungen entwickelt. Vor allem verschob sich zu Ende des 19. Jahrhunderts der Mittelpunkt der Ereignisse nach Amerika. Deshalb beginnt diese Darstellung in Deutschland, um schließlich in die Beschreibung des amerikanischen Judentums zu münden.

Geistesgeschichtlich wird heute unbestreitbar das Judentum der ganzen Welt von dem bestimmt, was in den Vereinigten Staaten von Amerika geschieht: in diesem vibrierenden, blühenden und vitalen Zentrum jüdischer Existenz. Noch heute übertrifft Amerika den Staat Israel als Quelle der Inspiration und Gestaltungskraft jüdischer Gegenwart. Nirgends ist jüdisches Leben vielgestaltiger und spannender.

Das bedeutet nicht, daß nicht auch im heutigen Europa interessante Ausprägungen und Spielarten all dieser Strömungen vorkommen, mit eigener Geschichte, eigenen Denkern, eigenen Entwicklungen. Als Beispiel sei genannt, daß die amerikanische Reform-Bewegung seit ihren Anfängen radikaler dachte, als sich dies im breiten deutschen und europäischen Gemeindeleben ursprünglich ausgeprägt hatte. Deshalb entstand ein eigenständiges konservatives Judentum auch in der ganz eigenen Situation der USA. In Deutschland hatte es zwar als Geisteshaltung bedächtiger Veränderung und Anpassung bereits existiert, nicht aber als deutlich abgrenzbare Richtung. So bietet sich noch heute das liberale Judentum in Europa anders dar, als die Reform-Bewegung in Amerika: als eine gemäßigte Zwischenposition in enger Verwandtschaft zu konservativen Haltungen.

Somit hat Amerika Modellcharakter für die geistige Vielfalt im heutigen religiösen Judentum. Von den dreizehn Millionen Jüdinnen und Juden auf der Welt leben etwa sechs Millionen (ca. vierzig Prozent) in den USA. Sechs Prozent der jüdischen Bevölkerung dort bekennen sich zur Orthodoxie, fünfunddreißig Prozent bezeichnen sich als konservativ, achtunddreißig Prozent zählen sich zur Reform-Bewegung, etwa zwei Prozent rechnen sich zum Rekonstruktionismus, der Rest fühlt sich keiner dieser Strömungen zugehörig. Von den Juden Amerikas unter sechzig Jahren zählt sich die Mehrheit zum Reform-Judentum. Damit ist schon demographisch geklärt, welche übermächtige Bedeutung und Autorität das jüdische Leben in diesem Land einnimmt, wie sehr es auf andere Teile der Welt ausstrahlt und welchen Beispielcharakter es deshalb für uns in Mitteleuropa haben kann.

Sicher hätte man für jedes europäische Land eine eigene kleine Geistesgeschichte der Nachaufklärung bis zur Wende ins 21. Jahrhundert schreiben können. Mit einer Ausnahme: Deutschland. Diese Wiege jüdischen Denkens während der Emanzipation hatte nach der *Scho'ah* keine Kraft, einen eigenständigen Beitrag zur geistigen Entwicklung des Judentums in der Welt zu leisten. Erst langsam erwacht in unserem Land ein Ahnen von der Vielgestaltigkeit jüdischer Existenz und von den Möglichkeiten eines jüdischen Lebens, das der Zukunft zugewandt ist. Erst die Betrachtung der amerikanischen Fortentwicklung einer europäisch-deutschen Situation eröffnet ein wahrheitsgetreues Bild der Progression jüdischer Geistesgeschichte in den vergangenen zwei Jahrhunderten.

Das amerikanische Judentum

Anfänge

Die ersten jüdischen Einwanderer kamen aus Westindien. Die meisten waren *Sephardim* – spanische und portugiesische Juden – die vor der Inquisition in ihren Heimatländern geflohen waren und religiöse Freiheit suchten. Die katholische Kirche verfolgte offen gelebtes Judentum in vielen Regionen Europas und ließ es durch die Inquisition unterdrücken. Als die spanischen und portugiesischen Monarchen dann jeweils im Jahre 1492 und 1497 ihre jüdischen Untertanen verbannten oder zur Konversion zwangen, wurde jüdisches Leben in diesen Regionen nahezu unmöglich. Die Juden flohen zuerst in freie Länder wie die Niederlande, die Türkei und Italien. Wenig später, als die »Neue Welt« den Kolonisten offenstand, zogen sie nach Westindien und in niederländische und britische Kolonien wie Recife, Curaçao, Surinam und Barbados. In diesen Gebieten existierten bereits im siebzehnten Jahrhundert florierende jüdische Gemeinden. Doch als die Kolonien von den Portugiesen und Spaniern erobert wurden, sahen sich die Juden erneut zur Flucht gezwungen, wollten sie nicht zu »Neuen Christen« konvertieren. So gelangten sie schließlich in die amerikanischen Kolonien. Im Jahre 1654 legte in New Amsterdam ein Boot mit dreiundzwanzig Flüchtlingen aus Recife in Brasilien an. Sie bildeten den Grundstein für die amerikanisch-jüdische Gemeinde.

Nach der Vertreibung aus Spanien und Portugal gründeten die Flüchtlinge sephardische Synagogen, wo immer es sie auch hinverschlug. Hier die sephardische Synagoge in Amsterdam.

Die meisten Immigranten waren arme *Sephardim*, die ihr gesamtes Hab und Gut in Westindien verloren hatten. Doch unter ihnen befanden sich auch einige *aschkenasische* Juden, die ursprünglich aus Deutschland und den Niederlanden stammten. Alle einte jedoch die Hoffnung auf eine neue Existenz als freie Männer und Frauen und vor allem als Juden.

Die Juden in New Amsterdam

Hindernisse mußten auch hier überwunden werden. Gouverneur Peter Stuyvesant war wenig begeistert von der Tatsache, daß sich diese mittellosen Nicht-Christen in seinem Gebiet ansiedeln wollten. Er warf ihnen unehrliches Geschäftsgebaren und Betrug vor und bezeichnete sie als Häretiker, als Menschen, die nach christlicher Lehre die Gottheit Jesu leugnen. Die niederländische Westindienkompanie, Gründer von New Amsterdam, wies Stuyvesant jedoch an, die Neulinge unter folgenden Bedingungen zu akzeptieren: nicht aufgrund ihrer Armut zu einer Last für die Gemeinde zu werden; in einem von den Christen getrennten Gebiet zu leben; keine öffentlichen Gottesdienste abzuhalten. Auch von bestimmten geschäftlichen und gewerblichen Bereichen, dem Wachdienst beim Fort und dem Militär wurden sie ausgeschlossen. Anstatt Wehrdienst zu leisten, mußten die Juden hierfür Steuern zahlen.

Doch sie setzten sich vehement für eine gerechte Behandlung und gleiche Rechte ein, hatten sie doch im niederländischen Westindien bereits Freiheit und Gleichheit genossen. Schließlich setzten sie ihr Recht, Wache zu stehen, durch. Nachdem die Briten die Kolonie übernommen und sie New York genannt hatten, wurde dieser Kampf um gleiche Rechte fortgeführt.

Anfangs gestattete die Kolonialregierung keine Synagogen, doch bereits 1695 konnte in New York eine solche errichtet werden. Im Jahre 1740 verabschiedeten die Briten ein Gesetz, das es allen aus dem Ausland stammenden Kolonisten, die bereits seit sieben Jahren in New York gelebt hatten, ermöglichte, Staatsbürger zu werden. Dieses Gesetz, der »Naturalization Act« von 1740, legte außerdem fest, daß ein Bürger nicht mehr verpflichtet war, einen christlich formulierten Eid zu schwören. Alle Juden, die in New York lebten, konnten nun nach nur wenigen Jahren Staatsangehörige des Britischen Weltreichs werden.

Als das britische Parlament 1753 ein ähnliches Gesetz verabschiedete, hagelte es antisemitische Proteste, so daß das Gesetz im folgenden Jahr wieder aufgehoben wurde. Dies hatte zur Folge, daß die Juden im Mutterland noch ein Jahrhundert länger als Ausländer betrachtet wurden und deswegen weder wählen noch ein Amt bekleiden durften.

Die jüdische Immigration in die »Neue Welt«

Die Amerikanische Revolution führte solche Freiheitsgedanken noch weiter. Nachdem die Verfassung von 1788 ratifiziert worden war, bestimmte die Bundesregierung, daß es für die neue Nation keine Staatskirche geben werde. Alle religiösen Gruppen wurden gleichgestellt; Religion und Staat dauerhaft getrennt. Die »Bill of Rights« (die ersten zehn Zusatzartikel zur amerikanischen Verfassung) garantierte, daß die freie Religionsausübung nicht durch die Regierung beschnitten werden konnte. Diese neuen Garantien gegen mögliche Einschränkungen der Freiheit stärkten die Gemeinschaft der fast dreitausend Juden in den Vereinigten Staaten.

Seit Anfang des 19. Jahrhunderts kamen sehr viele Juden aus Deutschland, Österreich und Böhmen nach Amerika. Viele flohen vor den Napoleonischen Kriegen und der Restauration, andere waren enttäuscht vom Scheitern der Revolutionen von 1830 und 1848 in zahlreichen europäischen Ländern, in denen nun die liberalen Kräfte unterdrückt wurden.

Unter diesen Ansiedlern befanden sich auch einige galizische und polnische Juden. Zur Zeit des Amerikanischen Bürgerkriegs im Jahre 1861 belief sich die Zahl der amerikanischen Juden auf über hundertfünfzigtausend. Die große Mehrheit waren *Aschkenasim*. Die Juden aus Osteuropa sollten bald folgen. Durch die scharfen Maigesetze des russischen Zaren Alexander III. und die Pogrome gegen Juden 1881 wurde eine gewaltige Immigrationswelle von russischen Juden ausgelöst. Die rumänischen Juden, die vor der Tyrannei in ihrem eigenen Land flohen, schlossen sich an, genauso wie polnische, ungarische und galizische Juden. Zwischen 1881 und 1924 erreichten zweieinhalb Millionen Juden, die in erster Linie aus Osteuropa kamen, die »Neue Welt«. Im Jahr 1924 erließ die US-Regierung strikte Einwanderungsquoten und die jüdische Immigrationswelle ebbte ab. Die Zusammensetzung der amerikanisch-jüdischen Gemeinde hatte sich jedoch deutlich verändert. Eine letzte, kleinere Immigrationswelle setzte nach 1933 ein. Etwa hundertfünfzigtausend Juden konnten bis 1940 aus Europa fliehen, weitere hunderttausend kamen nach dem Krieg dazu. Sie waren Überlebende der *Scho'ah* und stammten größtenteils aus Osteuropa. Die meisten von ihnen waren streng-orthodoxe und chassidische Juden.

Der Kampf um Anerkennung

Die jüdischen Einwanderer wurden in der amerikanischen Gesellschaft nicht ohne weiteres akzeptiert. Nicht nur juristische Hindernisse und soziale Barrieren mußten überwunden werden. Die Situation in den Vereinigten Staaten unterschied sich deutlich von der festen Ordnung Europas. Zudem mußte die junge Demokratie noch vieles lernen.

Religiöser Eifer und Antisemitismus waren auch in den USA kein Fremdwort. Peter Stuyvesants Versuch, die Juden von New Amsterdam auszuschließen, war kein Einzelfall: Antisemitismus – oft christlich motiviert – war in vielen Gemeinden präsent. Die meisten der dreizehn Kolonien waren stark religiös geprägt und Nichtchristen gegenüber abweisend. Viele der ersten christlichen Siedler betrachteten die Vereinigten Staaten als »christliche« Nation. In den staatlichen Schulen wurde das christliche Schulgebet eingeführt, die »Blue Laws« (strenge puritanische Gesetze) zwangen Ladenbesitzer, ihre Geschäfte am Sonntag zu schließen, und die Verfassungen einiger Bundesstaaten bezeichneten den Staat als im Kern »christliches« Gemeinwesen. Auch noch nach der Verabschiedung der Verfassung lag es in der Macht der einzelnen Bundesstaaten, eigene Gesetze zu erlassen, in denen festgelegt wurde, welche Personengruppen wählen oder ein Amt bekleiden durften. Einige Staaten ließen Beamte bei ihrer Einsetzung einen christlichen Eid schwören; die letzten dieser diskriminierenden Eide wurden erst 1878 abgeschafft.

Religiöse Toleranz sollte dennoch zum amerikanischen Ideal werden. Die Bundesregierung hatte jegliche Diskriminierung aufgrund des religiösen Bekenntnisses früh verboten: Die US-Verfassung richtete sich sowohl an Christen als auch an Juden. Als sechs Synagogen 1789 George Washington zum Wahlerfolg gratulierten, schrieb der Präsident: »Glücklicherweise fordert die Regierung der Vereinigten Staaten, die Fanatismus nicht billigt und Verfolgung nicht unterstützt, von denen, die unter ihrem Schutz stehen, nur, daß sie sich wie gute Staatsbürger verhalten...« Thomas Jefferson schrieb dem Gemeindevorsteher Mordecai M. Noah, daß »unsere Gesetze das einzige Mittel gegen religiöse Intoleranz sind, indem sie unsere religiösen Rechte wie auch unsere Bürgerrechte schützen und alle gleichstellen«. Anders als in Ländern wie Deutschland, Italien, Rußland, Polen und Spanien gab es in den Vereinigten Staaten zu keiner Zeit eine von oben gesteuerte antisemitische Politik. Es wurde auch nie ein antisemitisches oder antijüdisches Gesetz verabschiedet.

Heutzutage gibt es in den Vereinigten Staaten mehr als 250 größere religiöse Strömungen. Die amerikanische Gesellschaft war – trotz der genannten Anfangsschwierigkeiten – auf Offenheit und Toleranz in religiösen Fragen gegründet, und das steigerte die Akzeptanz Juden gegenüber. Ein Jude brauchte nicht zum Christentum zu konvertieren, um eine Spitzenposition zu erreichen. In den Vereinigten Staaten ist es früh möglich gewesen, oberster Richter oder Minister zu werden und trotzdem Jude zu bleiben.

Dank dieser Atmosphäre des religiösen Liberalismus, des Voluntarismus und des Pluralismus, erzielte das amerikanische Judentum große Fortschritte auch ohne besondere Emanzipationsgesetze. Außer dem »Naturalization Act« von 1740 war es das soziale Klima des amerikanischen Lebens, das der jüdischen Gemeinschaft viel Freiraum gab. In Europa waren Gesetze erforderlich, um die Juden zu emanzipieren; in den Vereinigten Staaten waren sie nahezu von Anfang an integraler Bestandteil des politischen, wirtschaftlichen und sozialen Lebens. Eine Entscheidung des obersten Gerichtshofes von 1963 befand Gebete in staatlichen Schulen für verfassungswidrig. Die »Sunday Blue Laws« sind mittlerweile praktisch verschwunden, weil alle Geschäftsleute uneingeschränkte Ladenöffnungszeiten forderten. Einige christliche Gruppierungen sind darüber noch heute verbittert. Sie sprechen sich auch dafür aus, das Gebet an den Schulen erneut einzuführen und aus dem Sonntag einen offiziellen Ruhetag zu machen.

Ein ungelöstes Problem im Verhältnis von Religion und Staat besteht darin zu entscheiden, ob Gemeinde- und Privatschulen von offizieller Seite unterstützt werden sollen. Die meisten jüdischen Gruppen verweigerten sich traditionell jeder staatlichen Hilfeleistung zugunsten von Gemeinde- und Privatschulen. Einerseits sollen auf diese Weise Religion und Staat klar voneinander getrennt bleiben; andererseits befürchten sie eine auch inhaltliche Einflußnahme der Regierung in die Angelegenheiten einer Schule oder Institution, sobald diese von ihr finanzielle Unterstützung erhält. Angesichts der hohen Kosten im Bildungssektor setzt sich die Diskussion darüber fort.

Die Entwicklung religiöser Institutionen

Religiöse Institutionen sind für die jüdische Gemeinschaft von fundamentaler Bedeutung. Wo sich Juden niederlassen, errichtet man Synagogen und Schulen, Friedhöfe und *Mikwaot* sowie Wohltätigkeitsorganisationen und Vereine, die den Juden die Befolgung der *Mitzwot* erlauben. Auch in den Vereinigten Staaten war das nicht anders. Die Gemeinde in New Amsterdam hatte den Juden verboten, öffentlich Gottesdienste abzuhalten. Diese fanden deswegen in privaten Häusern statt. Man erwarb Grundstücke für einen Friedhof, errichtete eine *Mikwe* und eröffnete eine *Talmud Thora*, eine religiöse Schule, in der die Kinder unterrichtet wurden. Juden buken auch *Mazzot* für das *Pessachfest* und sorgten für *koscher* geschlachtetes Fleisch und Geflügel. Sie gründeten außerdem verschiedene Wohltätigkeitsorganisationen, die für die Unterstützung der Juden in ihrer Heimat und im Ausland sorgen sollten. Das gleiche passierte wenig später überall, wo Juden sich angesiedelt hatten.

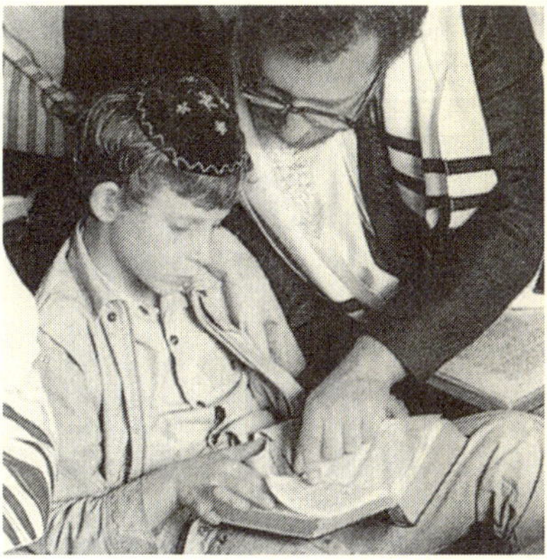

Rituale geben dem jüdischen Leben Form und Struktur. Hier hilft ein Vater seinem Sohn beim Studium für die Bar-Mitzwa.

Es ist interessant zu wissen, daß die ersten Synagogen den Gottesdienst nach *sephardischen* Bräuchen abhielten, obwohl die Mehrheit der Synagogenmitglieder um 1729 *aschkenasisch* war. Dies läßt sich dadurch erklären, daß die *Sephardim* hier zuerst siedelten und die späteren Zuwanderer die eingebürgerten Bräuche entweder nur ungern änderten, oder die wohlhabenderen, bereits etablierteren *Sephardim* auf Grund ihres Einflusses imstande waren, ihre Bräuche und Gewohnheiten zu bewahren. Erst 1802 sollten die *Aschkenasim* in Philadelphia ihre erste Synagoge, »Rodef Schalom« errichten und sich von der *Sephardim*-Gemeinde, »Mikwe Israel«, trennen. Das gleiche geschah in New York 1825 bei der Gründung von

»B'nai Jeshurun«. Diese Synagogen kennzeichneten das Ende der *sephardischen* Vormachtstellung und den Anfang einer Gründungswelle deutscher, niederländischer, ungarischer, polnischer und anderer osteuropäischer Synagogen.

Die Vereinigten Staaten waren und sind eine voluntaristische Gesellschaft, in der jeder Mensch das Recht hat – nicht die Pflicht –, sich einer religiösen Gruppe anzuschließen. Die Mitgliedschaft in einer Gemeinde war jedoch notwendig, um als Jude in der Synagoge heiraten zu können oder auf dem Friedhof bestattet zu werden. Trotzdem hatte die Zugehörigkeit zu einer jüdischen Gemeinde in den Vereinigten Staaten nicht den gleichen Stellenwert wie in der europäischen Ständegesellschaft vor der Aufklärung und eigentlich bis zur *Scho'ah*.

In den Vereinigten Staaten konnte man zudem zwischen verschiedenen Synagogen wählen, denn das in Deutschland praktizierte Prinzip der »Einheitsgemeinde« war unbekannt. Einige religiöse Aktivitäten, wie die Verwaltung des Friedhofes, das Backen der *Mazzot* und die *koschere* Fleischbeschaffung, gingen in private Hände über. Der Einfluß der Synagogen nahm damit weiter ab. Zur Zeit des Bürgerkrieges (1861–1865) war die jüdische Gesellschaft zersplittert und geschwächt. Weltliche Organisationen wie »B'nai B'rith« (1843) waren entstanden, und einige Juden zogen sich aus der Religion und der Befolgung der Gebote zurück.

Die amerikanische Gesellschaft war sehr viel offener in den Strukturen als die europäische Gesellschaft. Dies bedeutete, daß es keinen zentralen leitenden Rabbiner gab (wie in Frankreich), keine verbindliche *Kehilla* oder feste Körperschaften wie im 19. Jahrhundert in Europa. Mit dem alten *sephardischen* Monopol verschwand auch die Macht, religiöse Entscheidungen verbindlich durchzusetzen. Jede Gemeinde war unabhängig und konnte nach eigenem Urteil handeln. Oft führte diese Freiheit aber auch dazu, daß sich einzelne vollständig von der Gemeinde lösten.

Die Tatsache, daß in den Vereinigten Staaten vor 1840 kaum professionelle Geistliche oder Lehrer tätig waren, schwächte die Gemeinden weiter. Die Männer, die in den fast zweihundert Jahren der Existenz des amerikanischen Judentums den Gottesdienst abhielten, waren *Chasanim* und autodidaktische Laienlehrer, die zwangsläufig oft nicht richtig ausgebildet waren. Sogar die *Schochetim*, die Ritualschlachter, und *Mohalim*, Ritualbeschneider, waren ihrer Aufgabe vielfach nicht gewachsen. Schwierige Fragen in bezug auf bestimmte Rituale mußten an die Rabbiner in London oder Amsterdam gerichtet werden. Bis Rabbiner Abraham Rice 1840 in Baltimore ankam, gab es in den Vereinigten Staaten keine traditionell ausgebildeten Juden oder Gelehrten.

Weshalb ließen sich nicht mehr ordinierte Rabbiner im Land nieder? In einem Zeitalter, in dem Kommunikation und Mobilität noch sehr beschränkt waren, wollte kaum jemand so fern von den großen europäischen Akademien der jüdischen Gelehrsamkeit wohnen. Viele Rabbiner sahen die Vereinigten Staaten als *Galut* oder Exil an. Andere betrachteten Amerika auch als Abladeplatz für Schuldner und Kriminelle, und mehr als ein osteuropäischer Weiser beschrieb Amerika noch Anfang des 20. Jahrhundert als ›trefa Medina‹ – als unheiliges Land.

Dieser Mangel an Rabbinern erwies sich als sehr nachteilig. Das Niveau jüdischen Wissens und jüdischer Praxis war niedrig. Zur Zeit der Amerikanischen Revolution 1776 hatten mindestens zehn Prozent der jüdischen Bevölkerung Nichtjuden geheiratet. Am Anfang des Bürgerkriegs zwischen Nord- und Südstaaten 1861 lebten kaum noch jüdische Nachkommen der einstigen Pioniere. Zwar warnten die Amtsträger der Gemeinde »Shearith« in New York und der Gemeinde »Mikwe Israel« in Philadelphia Juden, die sich nicht *koscher* ernährten oder ihr Geschäft am *Schabbat* geöffnet hatten, immer wieder davor, sie würden ihre Mitgliedsrechte verlieren. Diese Warnungen fruchteten jedoch nicht. Ausländische Besucher waren erstaunt, als sie amerikanische Juden Schweinefleisch essen und am *Schabbat* arbeiten sahen. In einem Brief an seine Familie in Polen schrieb Haym Solomon 1783: »Das jüdische Leben ist sehr schwach ausgeprägt.« Rabbiner Rice aus Baltimore bezweifelte, daß die jüdische Kultur in Amerika jemals würde überleben können. Auch noch Reform-Rabbiner wie Isaac Mayer Wise und Max Lilienthal versuchten vergebens, die Kaufleute davon zu überzeugen, ihre Geschäfte am Samstag geschlossen zu halten.

Im 19. Jahrhundert ließen sich jedoch vermehrt deutsche und böhmische Rabbiner in den Vereinigten Staaten nieder. Nach und nach besserte sich die Situation. Seit dem Jahr 1867 wurden mehrere Rabbinerseminare gegründet. Im Jahre 1875 gab es in den USA 270 Synagogen, von denen fast alle der Reform-Bewegung zuzurechnen waren. Bis 1916 hatte sich die Zahl der Synagogen – meist polnische oder russische – auf 1900 erhöht. Eine Vielzahl von hebräischen und jiddischen Büchern wurde veröffentlicht, Zeitungen und Zeitschriften wurden gedruckt. Das amerikanische Judentum etablierte sich.

Progressiver Rabbiner mit Robe und Tallit.

Die beiden vorangegangenen Kapitel haben die geistigen und historischen Voraussetzungen in Deutschland und den Vereinigten Staaten geklärt, die den jeweiligen Nährboden des modernen Judentums abgaben. Bei der Betrachtung des Judentums in Deutschland ergab sich ein reiches Bild geistiger Entwicklung und intellektueller Auseinandersetzung, das jedoch beeinträchtigt wurde von der Frage nach Akzeptanz und der Gewährung bürgerlicher Gleichberechtigung. Die USA boten ein geradezu umgekehrtes Bild: Die Ideen der amerikanischen Revolution hatten eine Situation gleicher Chancen und Pflichten geschaffen, der jedoch eine Dürre geistigen und religiösen Lebens gegenüberstand.

In der Folge wollen wir die Zusammenhänge religionsphilosophischer Entwicklung zwischen Deutschland und den USA beschreiben, die sich nicht zuletzt aus diesem Gefälle ergibt. Wir beginnen mit der Reform-Bewegung als frühester Strömung des modernen Judentums.

Die religiösen Strömungen der Gegenwart

Die Reform-Bewegung

Die Wiege stand in Deutschland

Die Wurzeln des liberalen Judentums sind am Ende des 18. Jahrhunderts in Deutschland zu finden. Nach der Französischen Revolution und den Napoleonischen Kriegen erhielten die meisten Juden in Westeuropa neue bürgerliche Freiheiten. Die Mauern der Ghettos, in denen sie gelebt hatten, waren gefallen. In Frankreich, Deutschland, Italien und den Niederlanden wurde ihnen neben anderen Bürgerrechten das Wahlrecht zugesprochen. Vielerorts konnten sie sich an Universitäten einschreiben, fast jeden gewünschten Beruf ergreifen und sogar ein öffentliches Amt bekleiden. Deutschland markierte dabei das wenig ruhmreiche Schlußlicht.

Aber diese neuen Freiheiten waren auch eine Herausforderung. Nachdem Juden so lange ausgegrenzt leben mußten, brachen diese Freiheiten geradezu ein in die bisher so abgezirkelte und geordnete Lebenswirklichkeit. Vielen schien das Judentum plötzlich altmodisch und unfähig, auf die neue Lebenssituation zu reagieren. Einige dieser Juden nahmen die neuen Möglichkeiten, die sich ihnen jetzt boten, bereitwillig an und zogen sich dafür mehr und mehr aus ihrem früheren jüdischen Umfeld zurück. Sie assimilierten sich oder gingen teilweise noch einen Schritt weiter und konvertierten zum Christentum. Unter denen, die sich taufen ließen, waren der Jurist Eduard Gans, der Dichter Joel Jacob und der Schriftsteller Heinrich Heine. Andere ließen achtlos liegen, was sie ererbt hatten, so wenig schien es mit ihrem Leben und Denken zu tun zu haben.

Dieser Assimilation stellten sich diejenigen entgegen, die zu den Gründern des liberalen Judentums in Deutschland werden sollten. Ihr Anliegen war es, das Erbe der überlieferten Tradition für die Zukunft zu sichern. Es begann die Suche nach dem Wesen des Judentums und nach zeitgemäßen Formen, es zu leben.

Die Anfänge

Der erste Reformer war Israel Jacobson, ein westfälischer Unternehmer und Agent des Herzogs von Braunschweig-Lüneburg, der in Seesen 1801 eine Jüdische Freischule gründete, um jüdische Kinder neben der Religion auch in weltlichen Fächern zu unterrichten. Jacobson war 1768 geboren worden und hatte eine gute jüdische Erziehung erhalten, aber nur geringe Kenntnisse in anderen Disziplinen vermittelt bekommen. Der Wunsch seines Vaters war es immer gewesen, daß Jacobson Rabbiner würde. Doch dieser interessierte sich mehr für die Schriften Moses Mendelssohns, Gotthold Ephraim Lessings und die Werke der französischen Philosophie. Auf seinen Geschäftsreisen wurde Jacobson überall mit der Verkümmerung lebendigen jüdischen Lebens konfrontiert und er erkannte, daß Verbesserungen und Neuerungen Not taten, um die Zukunft zu gewinnen. Deshalb wandte er sich der Reform der jüdischen Bildung und des Gottesdienstes zu. In Seesen kam es zu ersten Änderungen in der Liturgie: Gebete und Lieder wurden ins Deutsche übertragen, und Jacobson lud regelmäßig Prediger nach Seesen ein, um die Auslegung des Wochenabschnitts auf deutsch vorzutragen. Oberstes Ziel war Würde und Festlichkeit der Gottesdienste, die sich damit klar abhoben vom Zustand in althergebrachten Synagogen. Jacobsons Gemeinde wuchs schnell.

Einer der ersten Reformer, der Hoffaktor Israel Jacobson (1768 – 1828).

Jacobson sah in Napoleon Bonaparte den Befreier der Juden vom mittelalterlichen Joch. Und er sollte Recht behalten. Als 1807 das Herzogtum Braunschweig in das neugeschaffene Königreich Westfalen unter Napoleons Bruder Jérôme als König integriert worden war, trugen Jacobsons Bemühungen weitere Früchte, die bürgerliche Gleichstellung der jüdischen Untertanen zu erreichen. 1808 errichtete er eine zweite Freischule in Kassel und zwei Jahre später eine Ausbildungsanstalt für Lehrer und

Rabbiner. Ebenfalls 1810 wurde ein neues Synagogengebäude in Seesen errichtet, in dem der Schulchor von einer Orgel begleitet die Gottesdienste umrahmte. Weil Jacobson überzeugt war, daß die jüdische Bildung mit dreizehn Jahren noch nicht abgeschlossen sei, unterstützte er die Einführung der Konfirmation, die die *Bar-Mitzwa* ersetzte und auch Mädchen offenstand. Noch im gleichen Jahr nahm der Landesrabbiner von Westfalen, Löb Berlin, in der Synagoge von Seesen die erste jüdische Konfirmation vor.

Seesen: Tempel der Jacobson-Schule, die in den Jahren 1805 bis 1810 erbaut wurde.

In der Zeit der Restitution brach 1813 das Königreich Westfalen zusammen. Jacobson wandte sich nach Berlin, wo zu *Schawuot* 1815 der erste reformierte Gottesdienst Berlins stattfand: in Jacobsons Haus. Von nun an fanden dort jeden *Schabbat* Gottesdienste statt, die schon bald viele Berliner Juden anzogen. Ein zweiter Gottesdienst mußte eingerichtet werden im Haus von Jacobsons Freund, dem Bankier Jacob Herz Beer. Doch schon nach sechs Monaten verbot die preußische Obrigkeit diese Hausgottesdienste auf Betreiben jüdischer Traditionalisten. Nach der Französischen Revolution und der Erfahrung mit Napoleon erschien jede Art von Wandel verdächtig, auch in der Religion. Weil die Berliner Synagoge aber gerade restauriert wurde, durften die Hausgottesdienste schließlich weiterhin abgehalten werden. Erst 1823 fand die erste Phase liberalen Judentums in Berlin ein Ende: Die Synagoge wurde wiedereröffnet und ein königlich-preußisches Dekret verbot Änderungen in Sprache, Ritual, Gebet und Gesang bei jüdischen Gottesdiensten.

In der Zwischenzeit hatten jedoch 1817 sechsundsechzig jüdische Bürger in Hamburg eine »Reform-Gesellschaft« gegründet, die es als ihre Aufgabe sah, die religiöse Debatte zu fördern und eine zeitgemäße Form des Gottesdienstes anzubieten. Einer der Gründer war der Direktor der jüdischen Freischule von Hamburg, Eduard Kley, ein Freund von Israel Jacobson. Die Liturgie in Hamburg folgte der von Seesen und Berlin.

Traditionell im Ansatz, enthielt sie doch Gebete und Lieder auf deutsch, eine Gestaltung durch Chor und Orgel und eine allwöchentliche Predigt in deutscher Sprache. Jungen wie Mädchen wurden konfirmiert. 1818 konnte in Hamburg eine eigene Synagoge errichtet werden und Gotthold Salomon wurde zum Rabbiner gewählt.

Die liturgischen Änderungen des ersten Gebetbuchs waren geringfügig, aber dennoch voller Bedeutung. Das Gebetbuch öffnete sich von links nach rechts und war mit deutscher Transliteration für die hebräischen Texte versehen. Alle Gebete waren zusätzlich auf deutsch übersetzt und enthielten markante Veränderungen: statt der Erwartung eines Erlösers wurde das Kommen eines messianischen Zeitalters erhofft, und wo früher um Rückkehr ins Gelobte Land und Wiedererstehen des Tempelopfers gebetet wurde, stand nun die einfache Bitte an Gott, diese Worte des Gebets an Opfers Statt anzunehmen.

Hamburg: Tempel in der Poolstraße (erbaut 1842/44). Hamburg war neben Berlin ein Zentrum der Reform-Bewegung.

Die Eröffnung des Hamburger Tempels bedeutete die eigentliche Geburtsstunde des liberalen Judentums in Deutschland und weltweit. Durch die Formierung einer dauerhaften Gemeinde war die Kontinuität der Entwicklung gesichert, die Israel Jacobson und seine Freunde in die Wege geleitet hatten, denn bis zum 9. November 1938 sollte der Hamburger Tempel als liberale Synagoge existieren. Gleichzeitig rief die Errichtung dieser ersten Gemeinde von Dauer heftige Reaktionen hervor. Traditionalisten organisierten deswegen eine erbitterte Gegenwehr, aus der schließlich die Bewegung der Orthodoxie ihren Anfang nehmen sollte.

Erste Kontroversen

Die Geiger-Tiktin-Kontroverse von 1838 bis 1844 sollte zu einer ersten großen Auseinandersetzung führen. Am 26. Juli 1838 war der bekannte Reform-Rabbiner Dr. Abraham Geiger aus Wiesbaden mit einem Wahlergebnis von sechsundfünfzig Stimmen zu einer an die Jüdische Gemeinde Breslau berufen worden, um neben dem amtierenden Oberrabbiner Salomon A. Tiktin, einem Traditionalisten, als Rabbiner zu fungieren. Gegen Geigers Programm einer moderaten Reformierung der Gemeinde erhob sich Tiktin in heftiger Opposition, der mit seinen Unterstützern fünfzehn Monate lang verhinderte, daß Geiger die preußische Staatsbürgerschaft erhielt und damit seinen Posten antreten konnte. Am 4. Januar 1839 schließlich erfolgte Geigers Amtseinführung, 1844 sollte er dem verstorbenen Tiktin als Oberrabbiner von Breslau nachfolgen.

Der Streit um das Hamburger Tempelgebetbuch war die zweite Debatte, die für die Wachstumsphase des liberalen Judentums in Deutschland kennzeichnend werden sollte. Fünfundzwanzig Jahre lang hatte Hamburgs Orthodoxie den Hamburger Tempel toleriert. Als jedoch 1841 eine geringfügig revidierte Fassung des liberalen Gebetbuches erschien, belegte es Hamburgs Oberrabbiner Isaac Bernays sofort mit seinem Bann. Trotz Interventionen des Hamburger Senats ließ sich die Kontroverse über Jahre hinweg nicht aus der Welt schaffen. Dem Anwachsen des liberalen Judentums in Hamburg tat dies jedoch keinerlei Abbruch.

Die Reform-Bewegung entsteht

Da mehr und mehr Synagogen in Westeuropa ähnliche Änderungen durchführten, war es notwendig, sich zu koordinieren und zu treffen, Gedanken auszutauschen und miteinander abzustimmen. Um dies zu ermöglichen, wurden zwischen 1837 und 1871 verschiedene rabbinische Konferenzen und Synoden abgehalten. Während dieser Konferenzen versuchten die Teilnehmer, das Wesen des Judentums und seine Bedeutung für die Gegenwart zu erfassen, die Eckpfeiler seiner Lehren verständlich zu machen und gemeinsam umzusetzen.

1837 rief Abraham Geiger zu einer Rabbinerversammlung nach Wiesbaden. Vierzehn Rabbiner folgten seiner Einladung. Wichtigstes Ziel war die Behandlung fundamentaler Fragen: Kann es begründeten Wandel im Judentum geben? Was gehört zum Wesen des Judentums? Welche Beschränkungen gibt es bei der Reform des Judentums? Wo ist Reform am nötigsten? Und: Kann die Reform-Bewegung gemeinsame Prinzipien und Praktiken formulieren?

Rabbiner Abraham Geiger (1810 – 1874), führender jüdischer Theologe und Reformer.

Die Reformer stellten dabei fest, daß einige ihrer grundlegenden Ideen übereinstimmten. Das Judentum wurde von ihnen als eine sich entwickelnde, dynamisch-lebendige Religion betrachtet, die ohne die Auseinandersetzung mit der Gesellschaft um sie herum verschwinden würde. Dies bedeutete aber auch, die eigene Religion kritisch dahingehend zu betrachten, ob sie in der Lage war, Antworten auf die Fragen der Zeit zu geben. Damit diese Antworten gegeben werden konnten, war eine gewisse Reform und Änderung notwendig. Durch die Erkenntnisse der »Wissenschaft des Judentums«, also einer historisch exakten und kritischen Analyse der Vergangenheit, erhielten die Reformer wichtige Argumentationshilfen dafür, daß historisch gewachsene Traditionen auch Gegenstand der Erörterung und der Veränderung sein können. In Wiesbaden wurden erste Standpunkte formuliert: Zum Wesen des Judentums gehörten die grundlegenden Lehren über Gott und den Menschen, ihre Beziehung zueinander, die Rolle des Jüdischen Volkes als Herold der Moralgesetze Gottes und die ethische Qualität der individuellen Lebensführung. Über das Ausmaß der Wandelbarkeit des Judentums gab es ein breites Meinungsfeld, das später zur Differenzierung der Reform-Bewegung in einen konservativen, einen liberalen und einen kleinen radikalen Zweig führen sollte. Einige, wie die »Reform-Gesellschaft« in Frankfurt, hatten nämlich die Abschaffung von Beschneidung und Geltung der mündlichen *Thora* gefordert. Dies ging den

Rabbinern eindeutig zu weit. Einigkeit bestand jedoch in den sechs Bereichen, die der Reform dringend bedurften: 1. die Ausgestaltung des Gottesdienstes, 2. die Formulierung von Gebeten zur Frage des Messias, Rückkehr aus dem Exil und Wiedererrichtung des Tempelopfers, 3. Die Ausprägung der Beachtung von *Schabbat* und Feiertagen, 4. der religiöse Status von Frauen, 5. die jüdischen Ehe- und Scheidungsgesetze und 6. die Regeln über die Trauer.

Fest stand auch, daß regelmäßige Konsultationen nötig sein würden, um die Arbeit der fünfundzwanzig reformwilligen Rabbiner zu koordinieren, die es 1844 in Deutschland bereits gab. Sieben Jahre nach Wiesbaden rief deshalb Rabbiner Ludwig Philippson aus Magdeburg in einem Leitartikel der größten jüdischen Zeitung jener Tage zu einem weiteren Treffen auf, das schließlich am 12. Juni 1844 als Rabbinerversammlung in Braunschweig stattfand.

Wichtige Führer der Reform-Bewegung fehlten: Israel Jacobson war schon verstorben, andere zu alt, um die Reise auf sich zu nehmen. So der ungarische Rabbiner Aaron Chorin, der schon 1818 den Hamburger Tempel verteidigt hatte. Abraham Kohn hatte soeben das Rabbinat von Lemberg übernommen und konnte nicht teilnehmen. Er sollte vier Jahre später – nach endlosen Verleumdungen und Schmähungen durch seine orthodoxen Gegner verbittert – dort sterben. Der spätere Paulskirchenabgeordnete Gabriel Riesser nahm nur deshalb nicht teil, weil er zwar Reformer, jedoch kein Rabbiner war.

Unter den Teilnehmern in Braunschweig entspann sich eine Kontroverse, die wesentlich getragen wurde durch den linksliberalen Rabbiner von Mecklenburg-Schwerin, Samuel Holdheim, und den konservativ eingestellten Leopold Schott. Während die Debatte um Prinzipien wogte, verstand Abraham Geiger es, die praktischen Erfordernisse des Tages in den Vordergrund zu rücken. Ausschüsse wurden bestellt und für 1845 eine zweite Rabbinerversammlung in Frankfurt berufen, die vom 15. bis 28. Juli dort tagte. Auf dieser Versammlung wurde der Gebrauch der Orgel und der Landessprache im Gottesdienst bestätigt, wobei *Thora*-Lesung und die Hauptgebete in hebräisch bleiben sollten. Gebetswiederholungen, Gebete für einen leibhaftigen Messias und die Vorstellung einer Rückkehr aus der *Diaspora* wurden eliminiert. Darüber hinaus wurde der Plan gefaßt, ein eigenes Rabbinerseminar einzurichten.

Die Stimmung der Teilnehmer war enthusiastisch. Nur einer, Zacharias Frankel aus Dresden, hatte die Versammlung nach dem dritten Tag verlassen. Sein Vorwurf an die versammelten Kollegen war, zu zerstörerisch und negativ mit der Tradition umzugehen. Sein Wirken führte schließlich zur Gründung des »positiv-historischen« Ansatzes, zu eher moderater Reform des Judentums und damit einer gemäßigten Variante innerhalb des nicht-orthodoxen Judentums des 19. Jahrhunderts. In den USA erwuchs daraus die konservative Bewegung mit dem »Jewish Theological Seminary« als geistigem Mittelpunkt. Große Verdienste erwarb sich Zacharias Frankel als Begründer des »Jüdisch-Theologischen Seminars« in Breslau. In Breslau studierten später viele der führenden progressiven Rabbiner und bekamen damit eine gute Grundlage für das respektvolle Miteinander von gemäßigten und radikaleren Meinungen im liberalen Spektrum Deutschlands.

Rabbiner Zacharias Frankel (1801 – 1875) gründete das Breslauer Rabbinerseminar.

Die dritte und letzte Rabbinerversammlung wurde vom 12. bis 24. Juli 1846 in Breslau gehalten, einer Hochburg der Orthodoxie. Regelungen zur Reform der *Schabbat*-Observanz, die Elimination des zweiten Feiertages bei den jüdischen Festen (außer *Rosch ha-Schana*) und eine Reform der Trauerriten waren die wichtigsten Ergebnisse der Versammlung. Eine Verlegung des *Schabbat* auf den Sonntag wurde abgelehnt, obwohl Befürworter argumentierten, dadurch wäre die Einhaltung der Arbeitsruhe weit besser zu erreichen. So war es auch hier wieder Abraham Geigers sorgsame und vermittelnde Hand, die dafür sorgte, daß Änderungen durch ein zahlenmäßig so überschaubares Gremium nicht den Konsens des Judentums in Frage stellten. Weitere Beratungen wurden durch die Revolution von 1848 unterbrochen, so daß erst 1869 der Aufruf zu einer Synode erging, einer Versammlung von Rabbinern und Laien.

Zu dieser Zeit hatte der Rabbiner von Frankfurt am Main, Samson Raphael Hirsch, schon alle Juden aufgefordert, aus Gemeinden auszutreten, die progressiv dominiert waren – ob unter liberaler oder konservativer geistlicher Führung. So war deutlich, daß sich die Orthodoxie zwar auf dem Rückzug befand, sich aber mit Vehemenz und Klugheit neu zu sammeln begann. Unter der Führung Hirschs entstand als vernunftbezogene Erscheinungsform des Traditionalismus die Bewegung der Neo-Orthodoxie.

Umso wichtiger erschien es der Reform-Bewegung, durch eine Versammlung von Rabbinern und Laien das eigene Lager erneut zu formieren. Deshalb wurde für den 29. Juni 1869 die Synode von Leipzig einberufen. Vertreten waren praktisch alle Länder, in denen es progressive Strömungen gab, vor allem England und die Vereinigten Staaten von Amerika. Neunundvierzig Laien und vierunddreißig Rabbiner vertraten sechzig Gemeinden aus Deutschland, Österreich, Belgien, Böhmen, Ungarn, England, Galizien, Rumänien, der Schweiz, den Vereinigten Staaten und Westindien. Als Präsident fungierte Moritz Lazarus, Professor der Philosophie an der Universität Bern. Die Leipziger Synode bestätigte die früheren Entscheidungen der Rabbinerversammlungen aus der ersten Hälfte des 19. Jahrhunderts und bereitete den Boden für die weitere Entwicklung.

Unterbrochen durch die Frankreichfeldzüge von 1870/1871, wurden die Beratungen auf einer zweiten Synode in Augsburg 1871 fortgesetzt. In konzentrierter Arbeitsstimmung wurden vom 10. bis 17. Juli verschiedene Reformen verabschiedet: die Beteiligung der Braut und der gegenseitige Ringwechsel beim Trauritus, der Wegfall von für Trauungen verbotenen Tagen, die Beweisfähigkeit staatlicher Dokumente der Todeserklärung bei Verschollenen, um eine *Aguna* zu befreien. Frauen wurde die Zeugnisfähigkeit vor jüdischen Gerichten zuerkannt, die Zeremonie der *Chaliza* wurde abgeschafft. Fahren am *Schabbat* zu religiösen, wohltätigen oder Bildungszwecken wurde erlaubt, *Chanukka* als Fest erfuhr Unterstützung und Stärkung.

Ein Jahr zuvor, 1870, war in Berlin die »Hochschule für die Wissenschaft des Judentums« gegründet worden, die Ausbildungsstätte progressiver Rabbiner, die Ludwig Philippson 1845 in Frankfurt gefordert hatte. Damit war neben dem Breslauer Rabbinerseminar ein weiteres Zentrum der Forschung und Lehre sowie der Ausbildung von nichtorthodoxem Rabbinernachwuchs entstanden.

Mit diesen Entwicklungen war die formative Phase des liberalen Judentums abgeschlossen; wichtige Prinzipien hatten ihre Durchsetzung erfahren: Das Judentum habe sich immer gewandelt und werde immer Veränderungen ausgesetzt sein. Gott sei für sein Volk immer wieder neu erfahrbar und damit Offenbarung ein fortschreitender Prozeß. Aufgabe des Jüdischen Volkes sei es, aus seiner Beziehung mit Gott allen Menschen etwas nahezubringen und seinen ethischen Anspruch zu universaler Geltung anzuheben. Dann, wenn dies erreicht sei, würde das Messianische Reich errichtet sein als ein Zeitalter von Gerechtigkeit, Wahrheit und Frieden. Für Juden spiele dabei ihre Zugehörigkeit zum Jüdischen Volk die zentrale und vitale Rolle ihrer Existenz. Anders als kulturelle und nationale Identität vermöge es das Judentum, Gott und seinen Willen zur Urkraft seiner Entwicklung werden zu lassen.

Das liberale Judentum war damit zum entscheidenden und identitätsstiftenden Element des jüdischen Lebens in Deutschland geworden. Unter Rabbiner Leo Baeck setzte sich – vor allem in den zwanziger Jahren des 20. Jahrhunderts – das Wachstum des liberalen Judentums fort, gerade auch unter der jüngeren Generation. Dennoch blieben die Veränderungen jüdischen Lebens durch die Reformbestrebungen von nahezu hundert Jahren moderat und mehrheitsfähig: konservativ und liberal gesinnte progressive Rabbiner arbeiteten Hand in Hand. Und in der deutschen Gemeindestruktur der »Einheitsgemeinde« gab es sogar so etwas wie ein kollegiales Nebeneinander von orthodoxen und progressiven Rabbinern. Offensichtlich hat das progressive Judentum den religiösen Alltag des überwiegenden Teils der jüdischen Bevölkerung im Deutschland vor der *Scho'ah* geprägt.

Führende Denker für ein zeitgemäßes Judentum: Leo Baeck, Lily Montagu und Martin Buber.

Von Deutschland aus beeinflußte es die progressiven Entwicklungen in anderen europäischen Ländern: neben der »West London Synagogue of British Jews« (aus der später die »Reform Synagogues of Great Britain« hervorgingen) entstand in England Anfang des 20. Jahrhunderts unter der Führung von Claude G. Montefiore und Lily Montagu die »Religious Union for the Advancement of Liberal Judaism«, aus der sich später die »Union of Liberal and Progressive Synagogues« entwickeln sollte. 1903 bildete sich in Paris die »Union Israélite Libérale«. 1926 schließlich wurde in London als gemeinsames Dach die »Weltunion für progressives Judentum« gegründet, die alle progressiven Juden der Welt vereint. 1956 entstand das »Leo Baeck College« in London als progressives Rabbinerseminar für Europa.

Die früh-amerikanische Reform

Auch in Amerika wurden die Reformen bereitwillig aufgenommen, da sie zeitgemäßer erschienen. Anders als in Europa existierte in Amerika zu Beginn des 19. Jahrhunderts keine organisierte jüdische Gemeinde, so daß institutionelle Hemmnisse kaum bestanden. Jeder Jude konnte unabhängig handeln und tat das auch. Da es keine nationalen Dachorganisationen gab, war jede Gemeinde auch frei, die Änderungen und Regeln durchzuführen, die sie wünschte. Der liberale Geist Amerikas ermutigte geradezu zur Glaubensfreiheit und deren Ausgestaltung. Amerika war damit der ideale Standort für das heranwachsende Reform-Judentum.

Die erste Reform-Gemeinde in den USA befand sich in Charleston, South Carolina. Sie wurde 1824 gegründet, als eine Gruppe von siebenundvierzig Gemeindemitgliedern unter der Leitung von Isaac Harby und David Carvalho die Vorsteher der Gemeinde »Beth Elohim« um einen kürzeren, klarer geordneten Gottesdienst mit einer englischen Predigt bat. Als diese sich weigerten, solche Änderungen einzuführen, spalteten sich die Reformer ab und gründeten die »Reformed Society of Israelites«.

1836 änderten die Vorsteher von »Beth Elohim« schließlich ihre Meinung. Aus der Gemeinde »Beth Elohim« wurde eine Reform-Synagoge mit einem neuen Geistlichen, Gustave Poznanski. In Poznanskis Gottesdienst wurde eine Orgel benutzt, er predigte auf englisch, schaffte den zweiten Tag der Feiertage ab und verkürzte die oft stundenlangen Gottesdienste. Er verkündete: »Diese Synagoge ist unser Tempel, diese Stadt unser Jerusalem, dieses glückliche Land unser Palästina.« Poznanski formulierte damit eine klassische Position des liberalen Judentums. Statt die Hoffnung auf eine ferne Zukunft in den Mittelpunkt zu stellen – auf eine Wiedererrichtung des Tempels – geht es um die Umsetzung der jüdischen Ethik jetzt und hier. Aus eben diesem Grund hatten schon liberale Gemeinden in Deutschland ihre Synagogen selbstbewußt »Tempel« genannt.

Die Reform-Gemeinden und neuen Tempel breiteten sich schnell aus. In Baltimore wurde der erste Reform-Tempel 1842 errichtet. Die Gemeinde »Emanuel« in New York folgte 1845. Dann schlossen sich Albany, Cincinnati, Philadelphia, Chicago und andere Städte im Land der Bewegung an.

Liberale Rabbiner kamen aus Deutschland, Böhmen und Österreich nach Amerika, um dort die neuen Gemeinden zu führen. Auch wenn die

Der Tempel Emanuel in New York wurde 1845/48 von deutschsprachigen Juden gegründet. Der heutige Bau stammt von 1929 und ist eine der größten Synagogen der Welt.

Tradition vor Ort, der *Minhag*, von Gemeinde zu Gemeinde variierte, war man sich darin einig, daß das liberale Judentum sich um die Fragen der Juden heute, in einer modernen Gesellschaft, kümmern müsse und nicht in überlieferten Formen erstarren dürfe.

Isaac Mayer Wise

Isaac Mayer Wise war einer der wichtigsten unter den eingewanderten Rabbinern. 1819 in Böhmen geboren, kam er 1846 in die Vereinigten Staaten. Als er im Jahr 1900 starb, hatte er die vereinzelten Reformbemühungen in eine Bewegung umgewandelt: das amerikanische Reform-Judentum.

Wise ließ sich zuerst in Albany im Staat New York nieder. Dort versuchte er, zeitgemäße Reformen in den Synagogen durchzusetzen. Damit stieß er jedoch auf heftigen Widerstand bei den Vorstehern der Synagoge in Albany. Da hier die Änderungen, die er durchführen wollte, keinen Anklang fanden, zog Wise 1854 nach Cincinnati. Von hier aus leitete er fast vier Jahrzehnte lang die Entwicklung des amerikanischen Reform-Judentums und baute eine progressive Bewegung auf.

Isaac Mayer Wise (1819 – 1900) prägte die Reform-Bewegung in Amerika.

Seine ursprüngliche Idee war sogar noch umfassender angelegt: Wise wollte alle amerikanischen Synagogen zu einer Organisation vereinigen. 1873 gründete er die »Union of American Hebrew Congregations« (UAHC). Das Ziel der Union war, eine Hochschule für Rabbiner und Religionslehrer in den Vereinigten Staaten zu errichten, um den eigenen Nachwuchs selbst ausbilden zu können. Neben der Ausbildung für den Gemeindedienst sollte diese Hochschule ebenso der Forschung und akademischen Arbeit dienen.

Unter den ersten achtundzwanzig Synagogen, die der UAHC beitraten, waren auch einige traditioneller orientierte. Die Union beschränkte sich deshalb anfangs auf moderate Änderungen. Spätere Reformen veranlaßten einige Gemeinden wieder zum Austritt. Doch die Union wuchs stetig; um 1880 gehörten ihr fast zweihundert Synagogen an. Die größte Wachstumsperiode der Union folgte nach dem Zweiten Weltkrieg. Heutzutage umfaßt sie allein in Amerika und Kanada schon mehr als achthundertfünfzig Gemeinden mit über 1,6 Millionen Mitgliedern.

Die Rabbinerseminare entstehen

Im Anschluß an die Vereinigung der »Union of American Hebrew Congregations« nahm Wise den zweiten Schritt in Angriff: Die Gründung eines Rabbinerseminars, nachdem in Europa bereits das Breslauer Seminar von Zacharias Frankel und in Berlin die »Hochschule für die Wissenschaft des Judentums« entstanden waren. 1873 spendete ein Gleichgesinnter zehntausend Dollar, um damit ein neues Seminar aufzubauen, und die Union verpflichtete sich, weitere sechzigtausend Dollar zu beschaffen. Nicht nur liberale Rabbiner unterstützten dieses Projekt, sondern auch verschiedene konservative Rabbiner wie Sabato Morais und Benjamin Szold.

1875 eröffnete Wise in seiner eigenen Synagoge in Cincinnati das »Hebrew Union College« (HUC). Ihm gehörten siebzehn Studenten und vier Dozenten an. Nach einer langen und schweren Anfangszeit wurden

In der Synagoge in der Plum-Street in Cincinnati hielt Isaac Mayer Wise Gottesdienste. Die Absolventen des Hebrew Union College werden hier jedes Jahr ordiniert.

1883 die ersten vier Rabbiner geweiht. Die Feier hätte ein Symbol der Einheit für Amerikas nichtorthodoxe Juden werden können, denn Wise hatte die Absicht, das amerikanische Judentum zusammenzuschließen. Fast wäre ihm dies gelungen, wäre beim Bankett nicht ein fataler Fehler gemacht worden: die religiösen Speiseregeln wurden nicht beachtet. Wütend verließ die konservative Fraktion der Rabbiner die Festlichkeit, und die Union war gespalten.

Die ersten vier Rabbiner des Hebrew Union College wurden 1883 ordiniert: Israel Aaron (1859 – 1912), Henry Berkowitz (1857 – 1924), Joseph Krauskopf (1858 – 1925) und David Philipson (1862 – 1949).

Trotz dieses Vorfalls gedieh das »Hebrew Union College«, auch wenn es nicht alle amerikanischen Rabbiner ausbildete, wie Wise gehofft hatte. Doch für das liberale Judentum der Welt ist dieses Rabbinerseminar zur bedeutendsten Ausbildungsstätte geworden.

Nach dem Tode Wises wurde seine Position als Präsident des »Hebrew Union College« von Moses Mielziner übernommen, danach von Kaufmann Kohler, Julian Morgenstern, Nelson Glueck, Alfred Gottschalk und Sheldon Zimmerman. Seit seiner Gründung hat das HUC mehr als tausend Männer und Frauen für das Rabbinat ausgebildet.

1922 beschloß Rabbiner Stephen S. Wise – eine weitere führende Persönlichkeit der amerikanischen Reform-Bewegung – ein zweites Seminar zu errichten. Mit dem »Hebrew Union College« war er unzufrieden, weil er es für zu liberal hielt. Er meinte außerdem, daß es die Fühlung mit der breiten Masse der Juden verloren hatte, vor allem mit den Neuimmigranten, die sich seit 1881 in Amerika niedergelassen hatten. Vor allem mißfiel ihm der antizionistische Standpunkt des Kollegs, denn gerade den Zionismus verstand er als einen wichtigen Bestandteil des Judentums. Seiner Ansicht nach sollte New York, das wahre Zentrum des jüdischen Lebens in Amerika, über ein eigenes Seminar verfügen. Wie Isaac Mayer

Das Hebrew Union College, 1875 gegründet, ist das älteste Rabbinerseminar der Vereinigten Staaten. Das Foto zeigt den Campus in Cincinnati. Es gibt Zweige in Jerusalem, Los Angeles und New York.

Wise hoffte auch Stephen Wise, daß seine Hochschule Studenten zu Rabbinern in allen Strömungen des Judentums ausbilden würde. Dieses Ziel vor Augen, gründete er das »Jewish Institute of Religion«. Bis 1948 blieb er dessen Präsident. Dann vereinigten sich das »Jewish Institute of Religion« (JIR) und das »Hebrew Union College« – das amerikanische Reform-Judentum hatte sich gewandelt und der Dissens zwischen HUC und JIR war geschwunden.

Die Rabbiner vereinigen sich

Ein weiteres Ziel von Isaac Mayer Wise war es, alle amerikanischen Rabbbiner in einer einzigen Standesorganisation zu vereinigen. Wahrscheinlich war dies die schwierigste seiner Aufgaben. Denn viele seiner persönlichen Ansichten wurden von konservativeren Rabbinern nicht akzeptiert. Um eine gemeinsame Organisation zu gründen, mußte er viele seiner Prinzipien zunächst zurückstellen. Schließlich bildete sich 1855 eine erste Gruppierung, die jedoch wenige Jahre später schon wieder zerfiel. 1869 versuchte Wise es erneut. Da er

Rabbiner Kaufmann Kohler (1843 – 1926) wuchs in Deutschland auf und wurde 1869 Rabbiner in Detroit, USA.

nun als gemäßigter Reformer galt, waren diesmal auch traditionellere Rabbiner bereit, an einer Gründungskonferenz teilzunehmen. Doch eine Gruppe radikaler Reformer unter Führung von Kaufmann Kohler forderte, daß eine solche Standesorganisation eine gemeinsame Position formulieren solle. Unter Kohlers Leitung beschloß die Konferenz, daß sie nicht länger an einen leibhaftigen Messias oder an die Rückkehr des Jüdischen Volkes nach Zion glaube. Hebräisch, da es mittlerweile von einer Mehrheit der jüdischen Bevölkerung nicht mehr verstanden wurde, solle in den Gottesdiensten durch Englisch ersetzt werden. Außerdem solle künftig auf *Ketuba*, Ehevertrag, und *Get*, Scheidebrief, verzichtet werden. Diese Positionen machten es der Minderheit konservativ eingestellter Rabbiner unmöglich, sich anzuschließen.

1885 traf man sich in Pittsburgh erneut, um zu erklären, daß die Zeit gekommen sei, das amerikanische Judentum zu reformieren. Ein Ausschuß von fünfzehn Rabbinern verabschiedete ein Acht-Punkte-Programm (die berühmte »Pittsburgh Platform«), das richtungsgebend werden sollte für die Entwicklung der folgenden fünfzig Jahre. Die acht Punkte waren:

1. Das Judentum vertritt die höchste Gottesidee aller Religionen, den ethischen Monotheismus.
2. Die Bibel ist Beleg der Hingabe Israels an Gott.
3. Die Einsichten moderner Wissenschaft und Philosophie stehen nicht im Gegensatz zum Judentum, weil die Lehren der Bibel lediglich zeitgebundene Gedanken widerspiegeln.
4. Nur die Moralgesetze des Judentums sind bindend. Die Ritualregeln etwa zu *Kaschrut,* über die priesterliche Reinheit oder die Vorschriften über die Kleidung sind heidnischen Ursprungs und dienen heute nicht mehr unserer geistigen Erbauung.

5. Wir sind nicht länger eine Nation, sondern eine »religiöse Gemeinschaft«, und wir erwarten nicht länger, nach Palästina oder in einen jüdischen Staat zurückzukehren, oder in einem Tempel jemals wieder Tieropfer darzubringen.
6. Das Judentum muß gemeinsam mit Christentum und Islam darauf hinwirken, der Menschheit Wahrheit und Gerechtigkeit nahezubringen.
7. Die Vorstellungen von Himmel, Hölle und leiblicher Auferstehung sind nicht länger von Bedeutung.
8. Juden müssen dazu beitragen, durch ein Programm der sozialen Gerechtigkeit die gesellschaftlichen Probleme einer Lösung zuzuführen.

Diese acht Punkte waren so grundlegend neu, daß die verbliebenen Traditionalisten sich von Wise und seiner Gefolgschaft trennten. Die Chance, eine gemeinsame Organisation für alle amerikanischen Rabbiner zu schaffen, war endgültig vorüber. Es gelang Wise jedoch, die liberalen Rabbiner zur »Central Conference of American Rabbis« (CCAR) zusammenzuschließen. Sie wurde 1889 gegründet. Fast hundert Männer nahmen an der ersten Sitzung dieser neuen Organisation in Detroit teil. Sie wählten Isaac Mayer Wise zu ihrem ersten Präsidenten. Heute sind 2000 Männer und Frauen Mitglied in dieser einzigen Rabbinerversammlung für das amerikanische Reform-Judentum.

Die Rodef Shalom Synagoge in Pittsburgh.
Hier wurde die Pittsburgh Platform verabschiedet.

Die Entwicklung des Reform-Judentums in Amerika

Das Reform-Judentum hatte unter den deutsch-jüdischen Immigranten in den Süd- und Weststaaten der USA zu Anfang den größten Erfolg. Je weiter die Juden von den großen Zentren des jüdischen Lebens entfernt lebten, desto empfänglicher waren sie für die Ideen der Reform-Bewegung. Die breite Masse der osteuropäischen Juden, die zwischen 1881 und 1941 nach Amerika kamen, konnte das Reform-Judentum jedoch nicht überzeugen. Diese Juden traten nur ungern Synagogen bei, in denen wenig Hebräisch gebraucht wurde, in denen die Männer vielleicht keine Kopfbedeckung trugen und während des Gottesdienstes bei den Frauen saßen, und in denen Orgel und Chorgesang Bestandteil des Gottesdienstes waren. Zudem schauten die deutschstämmigen Mitglieder von Reform-Synagogen oft genug auf die Immigranten aus den osteuropäischen Ländern herab, weil diese nur Jiddisch sprachen und keine höhere Bildung aufweisen konnten.

Da die osteuropäischen Juden aus einem traditionellen, orthodoxen Hintergrund kamen, störte es sie vor allem, daß die Reformer für sie grundlegende Gesetze wie die *Kaschrut*-Regeln aufweichten, am *Schabbat* zur Synagoge fuhren, nur einen Feiertag anstatt der traditionellen zwei einhielten und Rituale wie das Tragen von *Tallit* und *Tefillin* vernachlässigten. Orthodoxe Juden warfen der Reform vor, durch den Einsatz von Orgelbegleitung und durch englischsprachige Gebete oder das Nichttragen einer Kopfbedeckung das Christentum zu imitieren. Die Reformer wiederum kritisierten, daß die orthodoxen Juden starre Traditionalisten seien, die sich weigerten, das Judentum zu öffnen, um sich den Fragen einer modernen Gesellschaft zu stellen.

So vertiefte sich der Graben zwischen Traditionalisten und Reformern weiter. 1892 entschied die »Central Conference of American Rabbis«, daß Beschneidung nicht länger erforderlich sei, wenn ein erwachsener Mann zum Judentum übertreten wollte. Einige Reform-Rabbiner führten Gottesdienste am Sonntag ein, um den spärlich besuchten Gottesdienst am *Schabbat* – einem Arbeitstag – zu ersetzen oder zu ergänzen. Andere hoben den Gottesdienst am Freitagabend anstelle des Gottesdienstes am Samstagmorgen besonders hervor. 1897 urteilten Wise und seine Kollegen, daß die traditionelle Auslegung des *Talmud* und anderer klassischer rabbinischer Texte nicht mehr als verbindlich betrachtet werden könne. Die Reform-Bewegung distanzierte sich außerdem von Theodor Herzl und der neuentstandenen zionistischen Bewegung, weil sie glaubte, daß

Juden ihre Aufgabe in der ganzen Welt wahrnehmen sollten. Vor allen Dingen sollten sie loyale Staatsbürger ihrer Heimatländer sein. Dieser Gedanke erschließt sich leichter, wenn man die Rolle nationalen Denkens im 19. Jahrhundert berücksichtigt.

Rabbiner Richard Hirsch begrüßt den damaligen Premierminister Peres und den Bürgermeister von Jerusalem, Teddy Kollek, bei der Jahresversammlung der Weltunion für progressives Judentum 1990 in Jerusalem.

Inzwischen verstärkte die Reform-Bewegung ihre Institutionen. Die »Union of American Hebrew Congregations« veröffentlichte das »Union Prayer Book« und eine Vielzahl an Handbüchern. 1926 vereinigte sich die amerikanische Reform-Bewegung mit dem liberalen Judentum Deutschlands, Englands und anderer Staaten und bildeten die »World Union for Progressive Judaism«. Später kamen die Gemeinden der »Jewish Reconstructionist Federation« als Mitglieder hinzu. Aufgabe der »World Union« sollte es sein, das progressive Judentum in der ganzen Welt zu sammeln und neu entstehende Gemeinden zu unterstützen. Der Hauptsitz der Weltunion war ursprünglich in New York; in den siebziger Jahren des 20. Jahrhunderts zog er nach Jerusalem um. Die Union vereinigt heute über elfhundert Synagogengemeinden in allen Kontinenten. Damit wurde die »World Union for Progressive Judaism« zum größten Synagogendachverband des Judentums und bildet die größte geschlossene Bewegung weltweit.

Nach dem Zweiten Weltkrieg, als Teil eines neuen Interesses an Religion, erlebte die Reform-Bewegung eine neue Entwicklungsphase. Hunderte von Synagogen entstanden in den Vorstädten in der Nähe von New York, Chicago, Los Angeles, Miami und in fast allen großen jüdischen Gemeinden in den Vereinigten Staaten. Unter der vortrefflichen Leitung des damaligen Präsidenten der UAHC, Rabbiner Maurice Eisendrath, erwarb die Reform-Bewegung weltweit Anerkennung. Rabbiner Alexander Schindler und nach ihm Rabbiner Eric Yoffe entwickeln dieses Ansehen in der Gegenwart fort. Zwar hat sich die Wachstumsrate in den letzten Jahren verlangsamt, doch das progressive Judentum ist in Amerika eine einflußreiche, gut organisierte und dynamische Bewegung im Judentum, die sich offen mit allen aktuellen Entwicklungen auseinandersetzt.

Die Reform der Reformen

Das Reform-Judentum beruht auf der Überzeugung, daß Entwicklung im jüdischen Leben erforderlich ist, und daß das Judentum nie unveränderlich oder starr war. Diese Bereitschaft, sich zu entwickeln, hat dazu beigetragen, daß die amerikanische Reform-Bewegung von heute sich erstaunlich unterscheidet von ihrem Zustand vor hundert oder sogar noch fünfzig Jahren. Die Reform-Rabbiner, die um 1890 den Zionismus verurteilt hatten, unterstützten seit den zwanziger Jahren des 20. Jahrhunderts mit Nachdruck die Rückkehr von Juden ins Gelobte Land und wurden nach 1948 schließlich leidenschaftliche Anhänger der neuen Nation Israels. 1978 wurde die »American Reform Zionist Association« (ARZA) gegründet, die die Reform-Bewegung im »Zionistischen Weltkongreß« vertritt.

Im Laufe der Jahre verschwand allmählich die ehemalige Distanz gegenüber den rituellen *Mitzwot.* Mehr und mehr Rabbiner und Gemeinden führten früher aufgegebene Bräuche wieder ein: bestimmte hebräische Gebete, den traditionellen *Schabbat* und auch die *Kippa* und den Gebetsschal. Das Unionsgebetbuch von 1976, »The Gates of Prayer«, das Unionsgebetbuch für Zuhause von 1977, »The Gates of the House« und das Unionsgebetbuch für die Hohen Feiertage von 1978, »The Gates of Repentance« sind alle fast durchweg hebräisch und haben viele der Bräuche und traditionellen Gebete, die als veraltet verworfen worden waren, wieder eingeführt.

Dieser Umschwung im Denken des Reform-Judentums setzte schon in den zwanziger Jahren des 20. Jahrhunderts ein. 1937 wurden auf einer Tagung der Zentralkonferenz amerikanischer Rabbiner in Columbus, Ohio, die »Guiding Principles« verabschiedet. Während die amerikanische Reform-Bewegung in der »Pittsburgh Platform« von 1885 wesentliche Elemente klassischer Reform bestätigt hatte, die wir schon aus den deutschen Entwicklungen kennen, kam es 1937 zu einer Neuformulierung des Standpunktes, der zum Wendepunkt in der Geschichte der amerikanischen Reform-Bewegung werden sollte. Eine Neupositionierung war aus verschiedenen Gründen notwendig geworden: zum einen stellte das Reform-Judentum zu jenem Zeitpunkt bereits die überwiegende Mehrheit dar, die kämpferischen Töne der frühen Jahrzehnte waren also kaum mehr nötig. Durch den Einfluß osteuropäischer Einwanderer wurden außerdem alte Riten wieder in das religiöse Leben vieler Reform-Synagogen reintegriert, die ebenfalls dazu beitrugen, die Formalität klassisch-reformierter Gottesdienste aufzulockern. Veränderungen erwuchsen zudem aus einem zunehmenden Antisemitismus, der die verschiedenen Richtungen des Judentums näher zusammenrücken ließ. Schließlich setzte sich auch die zionistische Idee unter progressiven Denkern immer mehr durch.

All dies machte es wichtig, in Columbus eine neue Basis des Reform-Judentums zu formulieren. Die »Guiding Principles« betonen die Bedeutung der jüdischen Tradition in Gestalt der schriftlichen und mündlichen *Thora*, unterstreichen das Konzept des »Jüdischen Volkes« über die religiöse Definition hinaus, ermuntern zu einem Leben, das von *Mitzwot* durchdrungen ist und rufen zur Unterstützung der Wiederbesiedlung Palästinas auf. Das soziale Element der jüdischen Botschaft wird besonders hervorgehoben.

Damit begann sich auch die Kluft zu schließen, die früher einmal radikale Reformer wie Samuel Holdheim von moderaten Neuerern wie Zacharias Frankel trennten. Das progressive Judentum wurde weltweit zu einer integrativen Kraft von Rückbesinnung auf die Tradition und Hinwendung zur Moderne und damit zum bestimmenden Faktor des zeitgenössischen jüdischen Lebens bis heute.

Diese Neuformulierung des reformierten Standpunktes markiert das Ende der klassischen Reform-Bewegung mit ihrer streng antitraditionalistischen Haltung. Gleichzeitig läutet es eine Hinwendung ein zu neuer Wertschätzung der überlieferten Riten. Einige der Thesen der »Columbus Platform« machten Aussagen der »Pittsburgh Platform« von 1885 rückgängig. Das neue Dokument bestätigte zwar den in Pittsburgh geäußerten Gedanken, das Judentum sei die »historisch religiöse Erfahrung des Jüdischen Volkes«, dessen Lehre sich immer entwickelt und geändert habe. Gleichzeitig aber unterstrich es die Notwendigkeit, die *Thora* als »die dynamische Quelle des Lebens Israels« zu begreifen. Damit sie dies in zeitgemäßer Form sein könne, brauche es jedoch neue Interpretationszugänge.

Die »Columbus Platform« forderte auf, das Jüdische Volk zu stärken und das Land Israel wiederaufzubauen: als jüdisches Heimatland, als Zufluchtsort für Unterdrückte und als »Zentrum der jüdischen Kultur und des spirituellen Lebens«. Sie betonte die Bedeutung, sich für soziale Gerechtigkeit, die Gleichberechtigung ethnischer Gruppen und den Weltfrieden einzusetzen. Vor allem ihr letzter Teil war eine sehr mutige

Thoralesung während eines Gottesdienstes in der Liberal Jewish Synagogue London.

Veränderung der alten Reform-Position, weil er dazu aufforderte, sich dem jüdischen Brauchtum in Synagoge und Haus zuzuwenden, auch zu Hause zu beten, den *Schabbat* und die Festtage zu halten, *Mitzwot* ins tägliche Leben einzubauen und die hebräische Sprache zu pflegen.

Seit 1937 hat sich das amerikanische Reform-Judentum immer stärker auf die Traditionen des Judentums besonnen. Heute haben sich Gottesdienste und Observanz der Reform-Bewegung auf ganz vielfältige Weise verändert.

Warum hat sich die Reform-Bewegung so stark gewandelt? Ein Grund dafür ist, daß sie auf den sich ändernden Zeitgeist reagierte. Im 19. Jahrhundert war der Rationalismus eines der prägenden Denkmuster. Mystizismus und Romantik galten als überholt und rückwärtsgewandt. So wurde alles, was als altmodisch galt (wie eine *Kippa* oder ein *Tallit*), für »orientalisch« gehalten und verworfen. Durch den Eintritt vieler Juden mit osteuropäischem Hintergrund veränderte sich auch die religiöse Atmosphäre in der Reform-Bewegung. Die neuen Mitglieder waren enger mit der Tradition und den Ritualen, mit Zion und den *Mitzwot* verbunden. Sie forderten im Vergleich zur vorhergehenden Generation einen

Eine Besonderheit des progressiven Judentums ist die völlige Gleichstellung der Frauen: Bei einer Bat-Mitzwa werden Mädchen religionsmündig. Sie werden zur Thora aufgerufen und können fortan Ämter in der Gemeinde übernehmen.

traditionelleren Gottesdienst in ihren Synagogen. Und die Rabbiner, die nicht länger aus Deutschland importiert werden mußten, sondern selbst oft einen osteuropäischen Hintergrund aufwiesen, fühlten sich ebenfalls enger mit der Tradition verbunden und heimisch im jüdischen Brauchtum. Dazu kam der bedeutende Einfluß, den die Gründung der konservativen und der rekonstruktionistischen Bewegungen in Amerika auf das Reform-Judentum hatten. Damit wurde es auch für das Reform-Judentum wichtig, sich mit dem Konzept des »Volkes« neu auseinanderzusetzen. Natürlich hat auch die *Scho'ah* in Europa und die erneute Gründung Israels als eine Nation einen tiefen Eindruck in der Reform-Bewegung hinterlasssen.

Die »Centenary Perspective«

Deutlich wird diese Umorientierung auch an der 1976 von der »Zentralkonferenz amerikanischer Rabbiner« verabschiedeten »Centenary Perspective«. Anlaß war der hundertste Gründungstag des »Hebrew Union College«. Nach der »Pittsburgh Platform« 1885 und den »Guiding Principles« von Columbus 1937 arbeitet die »Centenary Perspective« klar die Bedeutung der *Scho'ah* für das Jüdische Volk heraus, beschreibt die Verantwortung des ganzen Judentums für den Staat Israel und legt dar, welchen Stellenwert das jüdische Religionsgesetz für die praktische Lebensführung progressiver Juden hat. Damit erhält die universalistische Botschaft der klassischen Reformer eine deutlich partikularistische Note.

Diese neue Erklärung bekräftigt den Glauben, daß das Jüdische Volk ein einzigartiges Volk ist, dessen Verbundenheit auf einer gemeinsamen Sprache, Geschichte und Kultur beruht, auf einem gemeinsamen Land; und das getragen wird durch seine besondere Beziehung mit Gott. Das Judentum betrachte die Taten eines Menschen als wichtigsten Ausdruck eines religiösen Lebens und lege darauf mehr Wert als auf Glaubensbekenntnisse. Und während die klassischen Reformer eher eine abstrakt ethische Verantwortung betont hätten, habe das abgelaufene Jahrhundert gelehrt, daß ethische Pflichten eine klare Verankerung und Konkretisierung im Alltag brauchen. Dazu gehöre das Führen eines jüdischen Haushaltes, das Studium der Tradition, das regelmäßige Gebet und das Halten von *Schabbat* und Feiertagen ebenso wie das religiöse Feiern der Ereignisse des Lebens und die aktive Beteiligung am jüdischen Gemeindeleben. Die »Centenary Perspective« ermuntert jeden liberalen Juden, ein von religiösen Handlungen geprägtes und durchformtes Leben zu führen, gespeist durch individuelles Engagement und solides jüdisches Wissen. Die Bedeutung des

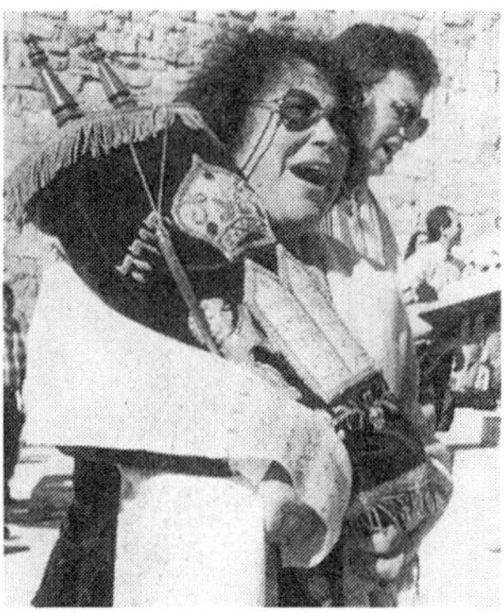

Für viele Orthodoxe in Israel undenkbar: eine Frau, Rabbinerin Maya Leibovich, trägt die Thorarolle bei einem Gottesdienst an der Klagemauer.

Staates Israel wird besonders hervorgehoben. Als Quelle und Urgrund des jüdischen Geisteslebens haben Juden überall auf der Welt die Verpflichtung, den Wiederaufbau des Staates Israel zu stützen, seine Sicherheit zu gewährleisten und seinen jüdischen Charakter zu fördern. Die Einwanderung nach Israel wird mit Nachdruck empfohlen. Gleichzeitig wird entschieden gefordert, daß die israelische Regierung für eine Gleichstellung des Reform-Judentums gegenüber der Orthodoxie sorgen müsse.

Das liberale Judentum in der Welt

Aufgrund der Bereitschaft, die eigene liberale Tradition neu zu überdenken und für zeitgenössische Einflüsse offen zu sein, hat das Reform-Judentum in den letzten Jahrzehnten weltweit einige Änderungen erlebt. Das Ergebnis ist, daß es heute vielfach in traditionellerem Gewand erscheint als zu seinen Anfängen. Seinem Wesen blieb es dennoch treu. Die Wandlungen haben ihren Grund vor allem in der Wirkung der *Scho'ah* auf den optimistischen Rationalismus und Universalismus, die in der Anfangsphase der jüdischen Reform so große Wirkung entfaltet hatten.

Vor der nationalsozialistischen Herrschaft dominierte bei der Mehrheit der Juden die Gewißheit, daß sie zum wesentlichen Bestandteil einer europäischen Gesellschaft geworden waren. Kulturelle und wissenschaftliche Erfolge prägten das Judentum, das Zeitalter der Vernunft kündigte das Ende allen Vorurteils an, die Welt schien sich auf eine glorreiche Zukunft zuzubewegen und das Problem jüdischer Ghettoisierung schien ein für allemal gelöst. Juden identifizierten sich vollkommen mit der Welt ihrer Mitbürger und glaubten, sich als Bürger einer modernen Gesellschaft schon ein gutes Stück dem messianischen Zeitalter genähert zu haben.

Dies alles wurde durch das Wiedererstarken des Antisemitismus in seiner verheerendsten Form ausgelöscht. Juden wurden erneut an die zerstörerischen Kräfte der Menschheit erinnert und an ihr Getrenntsein von den übrigen Völkern. Optimismus wurde durch Skepsis ersetzt, Universalismus durch die Konzentration auf das Besondere. Eine Suche nach den jüdischen Wurzeln begann. Man kehrte zu volkstümlichen Traditionen zurück. Der jüdische Nationalgedanke, der bei den meisten Juden zuvor als ein fremdartiger Irrweg gegolten hatte, wurde nun von vielen als neuer Weg der Erlösung begrüßt. In jüngster Zeit erlebt das Jiddische eine kleine

Renaissance. Einst war es als Sprache des Ghettos verpönt gewesen. Nun profitiert es von der Sehnsucht nach den persönlichen Ausdrucksformen früherer Zeiten, auch in Anerkennung des reichen kulturellen Erbes, das im Jiddischen liegt.

Der Eindruck dieser gewaltigen Veränderungen ist im gesamten Nachkriegsjudentum sichtbar. Sie sind auch im liberalen Judentum deutlich und können hauptsächlich in vier Bereichen wahrgenommen werden: in der Frage nach der Identität, den Statusfragen, in der Beachtung der Rituale und im Stellenwert der Quellentexte.

Die stärkere Identifikation mit jüdischer Partikularität beendete die im Allgemeinen antizionistische Einstellung der frühen Reform-Bewegung. Einerseits erkannte man, daß Juden erneut den Launen einer feindlich gesinnten Gesellschaft ausgeliefert sein würden. Zum anderen sah man in der Staatsgründung ein Zeichen der Erfüllung unzähliger Gebete um die Rückkehr in das Land der biblischen Vorfahren. Politisches Kalkül und religiöse Deutung kamen also zusammen. Heute sind die liberalen Synagogen weltweit höchst aktive Mitglieder der »Zionistischen Weltorganisation«, fördern zahlreiche Ausbildungs- und Finanzierungsprogramme zur Unterstützung Israels und begrüßen die *Alija* vor allem von Jugendlichen.

Die Sorge um die jüdische Einheit und das Bewußtsein eines *K'lal Jisraël*, das heißt der Gesamtgemeinschaft des Volkes Israel, führte in Europa überdies zu dem Wunsch, bei Statusfragen die allgemein akzeptierte Praxis zu pflegen. Man hielt es für wichtig, daß die Verfahrensweisen des liberalen Judentums so nah wie möglich mit denen anderer jüdischer Strömungen übereinstimmten, ohne dabei jedoch den spezifischen Blickwinkel der Wahrhaftigkeit und Gewissensstimmigkeit zu verlieren. So wird heute vielfach die Gewährung eines Scheidebriefes verlangt und für diejenigen zur Pflicht gemacht, die in einer Synagoge erneut heiraten wollen. Der Eintritt in die jüdische Gemeinschaft erfordert die drei traditionellen Elemente: *Bet Din*, *Mikwe* und Beschneidung männlicher Kandidaten.

Die Hinwendung zur Tradition beeinflußte auch die Beachtung der Rituale. Die Liturgie schließt nun einige Gebete wieder ein, die früher weggelassen worden waren. Viele Gemeinden trafen eindeutige Entscheidungen über die *Kaschrut* bei den Speisen, die in den Räumen der Synagoge angeboten werden. Sie bestehen entweder darauf, daß alles Fleisch *koscher* sein muß oder daß Milchprodukte getrennt werden oder daß nur milchige und vegetarische Produkte angeboten werden.

Das tägliche Gebet spielt eine wichtige Rolle für das Verständnis der Tradition. Hier die erste Rabbinerin Frankreichs, Pauline Bèbe.

Das Interesse an den jüdischen Wurzeln zeigt sich auch an den Quellentexten, die für die Predigten und in Studiengruppen verwendet werden. In der Vergangenheit ging es vorrangig um ethische und moralische Grundsätze. Die Gemeindemitglieder wurden zu einer Lebensführung ermahnt, die vor allem ethisch-moralische Aspekte im Blick hatte. Heute geht es in gleicher Weise um die jüdische Tradition und jüdisches Brauchtum. Die Gemeinde wird unterwiesen, wie sie einen jüdischen Lebensstil in die Praxis umsetzen kann. Standen in der konstitutiven Phase des liberalen Judentums die Texte der Propheten stark im Vordergrund, beschäftigt man sich heute wieder eingehend mit den Texten von *Mischna* und *Talmud*. Die Lerngruppen, die sich in der Vergangenheit ausgiebig mit theologischen und philosophischen Werken beschäftigten, geben nun auch den rabbinischen Kommentaren oder chassidischen Texten Raum. Das Pendel ist in der Tat so weit in die andere Richtung ausgeschlagen, daß heute der Ruf nach einer Rückkehr zur moralischen Empörung der Propheten wieder laut wird, die das frühe Reform-Judentum einmal charakterisiert hatte. Hinzu kommt, daß die Suche nach Spiritualität zu einem Interesse an Psychoanalyse und innerer Erneuerung führte.

All diese Veränderungen beziehen sich jedoch nur auf Nuancen, nicht auf den Charakter des liberalen Judentums. Es hält an seiner modernen Interpretation des jüdischen Lebens fest. Letzten Endes hat das moderne

Rabbinerin Sybil Sheridan und Rabbinerin Jaqueline Tabick stellen das Buch »Höre unsere Stimme« mit Beiträgen weiblicher Rabbiner vor (1996).

europäische Judentum in vielen Fragen zu einem dramatischen Durchbruch geführt, so zum Beispiel der Ordination von Rabbinerinnen und der Berücksichtigung von Frauen im Gottesdienst, wie auch durch die Einführung einer inklusiven Sprache im Gebetbuch. Es fanden größere Initiativen in Bereichen statt, die früher als rein »politisch« und jenseits der religiösen Bedürfnisse angesehen wurden, heute aber als Bewährungsfeld der jüdischen Sorge für das Alltagsleben gelten: die Sorge für die Umwelt, Menschenrechte, Armut und Obdachlosigkeit. Das liberale Judentum griff offensiv Themen auf, die früher tabu waren, zum Beispiel Homosexualität und gemischtreligiöse Ehen. Man sah dabei die besonderen Bedürfnisse der Betroffenen und unternahm praktische Schritte, um sie stärker zu berücksichtigen. In beiden Fällen zögerte das liberale Judentum nicht, in umstrittene Gebiete vorzudringen, weil man spürte, daß angesichts neuer Erkenntnisse ein neuer Zugang notwendig war. Tatsache ist, daß das liberale Judentum selbstbewußter geworden ist. Es war fähig, Bräuche wiederaufzunehmen, die von früheren Generationen verworfen worden waren, doch es ist in gleicher Weise bereit, sich in Gebiete vorzuwagen, vor denen andere zurückgescheut sind. Es bewahrt seine Achtung vor den Traditionen der Vergangenheit und hält an seiner Bestimmung fest, den Bedürfnissen der Gegenwart gerecht zu werden.

Frauen können in progressiven Gemeinden alle Ämter übernehmen. Hier eine Vorbeterin in der Jüdisch-Liberalen Vereinigung in Kassel.

Die Rückkehr des Judentums nach Deutschland

Noch 1936 war in Deutschland die erste Rabbinerin ordiniert worden: Regina Jonas sollte den Weg für weibliche Rabbiner auf der ganzen Welt ebnen. Aber 1938 brannten Deutschlands Synagogen. Ab 1943 war jüdisches Leben in Deutschland zum Schweigen gebracht – endgültig, wie es schien. Doch wenige Wochen nach Kriegsende fanden sich Versprengte, Befreite und Versteckte wieder zusammen, um mit jüdischen Soldaten der Alliierten die ersten Gottesdienste zu feiern.

Judentum in Deutschland erwachte nur zaghaft, organisierte sich im wesentlichen, um zu sammeln, was der Moloch des Krieges und der Vernichtung ausgespieen hatte. Von den circa fünfhunderttausend Juden, die vor 1933 in Deutschland lebten, überlebten etwa fünfzehntausend die *Scho'ah*, zumeist weil sie mit Nichtjuden verheiratet oder Kinder bzw. Enkel gemischtreligiöser Paare waren. Zu den deutschen Überlebenden kamen etwa zweihunderttausend Juden osteuropäischer Herkunft hinzu, die zu einem großen Teil in den »Displaced-Persons-Lagern« der Weiterreise nach Israel und in die USA harrten. Eine Rückkehr in ihre osteuropäische Heimat war unmöglich geworden. Zu stark war der dort neu aufgetretene Antisemitismus. 1945 bis 1947 gab es Pogrome in Polen. Der Antisemitismus innerhalb der ehemaligen Sowjetunion ist heute allgemein bekannt. Den meisten gelang die Auswanderung in die USA und Israel, einige wenige blieben jedoch in Deutschland – trotz eines hohen Rechtfertigungsdruckes dem Ausland gegenüber. Vielen war es unmöglich zu begreifen, wie man im Land der Mörder wohnen bleiben konnte.

Regina Jonas (1902 – 1944) war die erste Rabbinerin in Deutschland bis 1942.

In einigen Städten Deutschlands entstanden nach dem Krieg wieder kleine jüdische Gemeinden, die vor allem von den osteuropäischen Flüchtlingen getragen wurden. Diese Gemeindegründungen knüpften an die in Deutschland übliche Form der »Einheitsgemeinde« an. Deren Struktur hatte sich im Zusammenhang mit der Emanzipation herausgebildet. Obwohl sich Juden im 19. Jahrhundert in verschiedene Richtungen ausdifferenzierten, durften keine unterschiedlichen Gemeinden entstehen, um weiterhin eine einheitliche Vertretung gegenüber dem Staat sicherzustellen. So gesehen sind die Einheitsgemeinden ein Konstrukt der deutschen Regierungen des 19. Jahrhunderts und dienten als ein Mittel, das Judentum zu kontrollieren. Bis 1933 waren die Einheitsgemeinden weitgehend pluralistisch geführt worden: der orthodoxe Rabbiner kümmerte sich um *Kaschrut* und *Mikwe*, der liberale Rabbiner um die Unterweisung, den Gottesdienst und das kulturelle Leben. Es waren einige wenige orthodoxe Gemeinden, die sich das Recht erkämpft hatten, sogenannte eigenständige »Austrittsgemeinden« zu gründen. Nach dem Krieg wiedererstanden ist eine dieser Austrittsgemeinden: »Adass Jisroel« in Berlin.

Berlin – progressiver Brückenkopf

Nach 1945 hat sich das Blatt gewendet. Obwohl ihre Mitglieder weitgehend nicht traditionell eingestellt sind, sahen sich fast alle jüdischen Gemeinden in Deutschland verpflichtet, nach außen einen orthodoxen Charakter zu pflegen.

Die einzige Ausnahme war für lange Zeit die »Jüdische Gemeinde zu Berlin«. Dort entschloß sich der spätere Oberkantor der Gemeinde, Estrongo Nachama, ein Auschwitz-Überlebender griechischer Herkunft, nach dem Krieg an die frühere »deutsche liberale« Tradition wieder anzuknüpfen. Er belebte das vormals als orthodoxe Synagoge genutzte Gebäude in der Pestalozzistraße und stellte so sicher, daß es auch nach dem Krieg wieder eine liberale Synagoge in Deutschland gab. Seitdem werden dort regelmäßig Gottesdienste gehalten. Berlin blieb für mehrere Jahrzehnte die einzige Gemeinde in der Bundesrepublik Deutschland, die im progressiven Spektrum sowohl liberale (Synagoge Pestalozzistraße) und konservative Gottesdienste (Synagoge Fränkelufer) anbot, als auch orthodoxe (Synagoge Joachimsthalerstraße). Einzig in Berlin gab es nach dem Krieg wieder einen liberalen und einen orthodoxen Rabbiner. Unter den liberalen Amtsinhabern waren Rabbiner Nathan Peter Levinson (ein Berliner), Rabbiner Lehrmann, Rabbiner Uri Themal (ebenfalls ein Berliner), Rabbiner Manfred Lubliner (aus Chile) und Rabbiner Ernst Stein. Außerdem wurde mit Daniela Thau eine Berlinerin zur ersten Rabbinerin aus Deutschland nach dem Krieg ordiniert, auch wenn sie nie eine Gemeinde hier erhalten hat. Aber in Berlin gab es noch eine andere liberale Synagoge: im Ostteil der Stadt hatte die DDR die Synagoge in der Rykestraße wiederherstellen lassen. Als Friedenstempel eröffnet, hielt dort Kantor Oljean Ingster das liberale Erbe der Vergangenheit hoch.

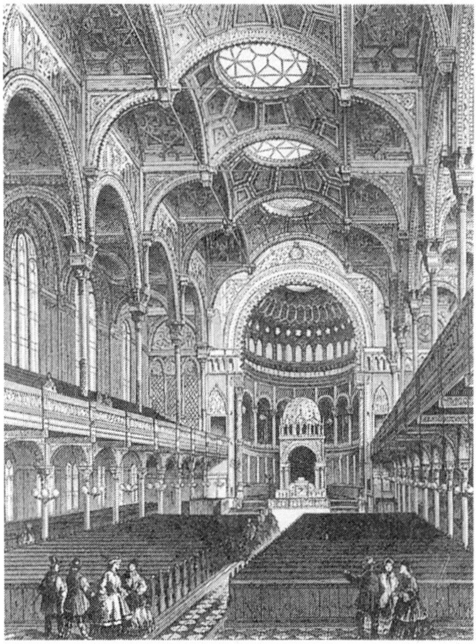

Innenansicht der Neuen Synagoge Oranienburger Straße in Berlin (erbaut 1866), der größten liberalen Synagoge in Deutschland vor dem Zweiten Weltkrieg.

Im August 1998 begann Rabbiner Walter Rothschild seine Arbeit als liberaler Gemeinderabbiner für Berlin und ist verantwortlich für alle nicht-orthodoxen Gemeindemitglieder. Die Synagoge in der Pestalozzistraße blieb der großen musikalischen Tradition Louis Lewandowskis verbunden. Frauen sitzen von den Männern getrennt auf gleicher Ebene, die *Bat-Mitzwa* findet am Freitagabend statt und es gibt einige andere Besonderheiten im *Minhag*. Ein neues und unabhängiges Gebetbuch wurde 1998 veröffentlicht mit einem Band für *Schabbat* und einem für die Hohen Feiertage. Ein Band für die Pilgerfeste ist in Arbeit. Seit Mitte der neunziger Jahre kam es außerdem zu anderen Entwicklungen innerhalb der Berliner Gemeinde. Als egalitärer *Minjan* gründete sich eine Gebetsgruppe, die sich in unterschiedliche liturgische Richtungen entwickelte. Nach den Jahren der Aufbauarbeit unter Heinz Galinski führt nun Dr. Andreas Nachama die Berliner Gemeinde im Geist von Toleranz und Ausgleich. Berlin ist Mitglied in der »Weltunion für progressives Judentum«, Dr. Nachama ist einer ihrer drei Gouverneure in Deutschland.

Liberale Gemeinden entstehen wieder in Deutschland

Bis vor einigen Jahren war das Einheitsgemeindesystem nicht zum Problem geworden. Bei allen bestehenden Unterschieden waren die Erfahrungen während des Nationalsozialismus der einheits- und identitätsstiftende Faktor. Für viele Juden der zweiten und dritten Generation nach dem Krieg steht neben der Erinnerung an die Opfer der *Scho'ah* aber auch das Bewußtsein, daß ein positiver Zugang zum jüdischen Erbe wichtig ist, um die Zukunft als Juden in Deutschland zu gestalten. In verschiedenen jüdischen Gemeinden Deutschlands setzte ein unterschiedlich starkes Ringen um Pluralismus ein. So setzte sich bereits in den achtziger Jahren Dr. Henry Brandt, der damalige liberale Landesrabbiner von Niedersachsen, dafür ein, daß Elemente progressiven Gemeindelebens (wie die Gleichberechtigung der Frau) zum Tragen kommen.

Der Botschafter des Staates Israel, Avi Primor (Mitte), besucht 1998 die Liberale Jüdische Gemeinde Beth Schalom.

Die Ursachen für das Wiedererstarken des liberalen Judentums seit Ende der achtziger Jahre sind vielfältig. Jugendliche und junge Erwachsene suchen nach Antworten auf ihre Fragen, finden diese aber nicht immer in den traditionellen Formen des Gemeindelebens. Teilweise ähneln die kritischen Stimmen von heute denen der Auseinandersetzungen im 19. Jahrhundert. Ein besonders problematischer Punkt ist die bisherige Rolle von Frauen in den orthodox geführten Einheitsgemeinden, die der gesellschaftlichen Situation außerhalb des Judentums eklatant widerspricht. Der Alltag vieler Juden in Deutschland ist zudem nicht orthodox geprägt, die Gemeinden spiegeln eine pseudo-orthodoxe Fiktion wider. Auch dies nährt das Bedürfnis, ein Gemeindeleben zu gestalten, das der tatsächlichen Situation vieler Juden entspricht.

Erschwerend kommt ein weiterer Punkt hinzu. Durch die Ankunft der »Kontingentflüchtlinge« aus Rußland seit 1990 hat sich die Mitgliederzahl in vielen Gemeinden mehr als verdreifacht. Viele der Ankömmlinge sind religiös völlig entwurzelt, die Gemeinden stehen mit ihren wenigen Aktiven vor einem schier unlösbaren Problem. Soziale und religiöse Integration wären dringend notwendig, überfordern aber Leistung und finanzielle Möglichkeiten vor allem der kleineren Gemeinden. Die Ankunft der Flüchtlinge brachte in den Gemeinden aber auch einiges in Bewegung.

Drittens hinterließ der Abzug der US-Streitkräfte in Süddeutschland und Berlin eine Lücke. Die jüdischen Militärgeistlichen hatten progressive Gottesdienste angeboten, die auch von deutschen Zivilpersonen rege besucht worden waren. Die in Deutschland verbliebenen Mitglieder dieser Gemeinden hatten plötzlich keine religiöse Heimat mehr. Man kann also sagen: aus der Unzufriedenheit über das Bestehende und der mangelnden Flexibilität vieler Funktionäre jüdischer Gemeinden entstand der Wunsch, an die liberale Tradition Deutschlands anzuknüpfen und nach zeitgemäßen Formen jüdischen Lebens zu suchen.

Ab Anfang der neunziger Jahre entstanden liberale jüdische Gemeinden und Gruppen überall in Deutschland. Seit 1995 gab es Bestrebungen, die örtlichen Initiativen zu koordinieren. Ein Meilenstein war dabei der 18. Juni 1995. Damals trafen sich in der »Evangelischen Akademie Arnoldshain« jüdische Einzelpersonen und Gemeindevertreter, um sich zu einer Arbeitsgemeinschaft liberaler und konservativer Gemeinden und Organisationen zusammenzuschließen. Dies waren: die Gemeinden aus Göttingen, Bamberg, Braunschweig, Oldenburg, sowie Gruppen aus Heidelberg, Frankfurt, Hannover, Berlin, Köln und Kassel. Dieses erste Treffen in Arnoldshain gab den Impuls, klare Formen und Strukturen entstehen zu lassen.

Eine Union formiert sich

Am 27. Juni 1997 in München wurde schließlich die »Union progressiver Juden in Deutschland, Österreich und der Schweiz« gegründet. Gründungsmitglieder waren neun progressive Gemeinden in München, Wien, Frankfurt, Köln, Hameln, Hannover, Hildesheim, Kassel und Seesen. Später sollten noch Celle und Heidelberg dazukommen. Die Union versteht sich als Arbeitsgemeinschaft zur Lösung religiöser Fragen. Sie umfaßt ganz unterschiedliche Gemeinden. Manchen ist es in der örtlichen Einheitsgemeinde nicht möglich, nach liberaler oder konservativer jüdischer Tradition zu leben. Andere Gemeinden, Gruppen und *Chawurot* können innerhalb des Einheitsgemeindesystems arbeiten oder sind zu einem gedeihlichen Nebeneinander gelangt. Unabhängig von diesen strukturellen Fragen soll die Union die Kräfte bündeln, um für Liturgie, Religionsunterricht und andere religiöse Fragen Lösungen zu erarbeiten. Die Union bestellt das »Europäische Rabbinatsgericht« in London als zuständiges *Bet Din* für Statusfragen ihrer Gemeinden. Die im deutschsprachigen Raum tätigen Rabbiner Dr. Walter Jacob (München), Tovi Ben-Chorin (Zürich), Drs. Edward van Voolen (Köln und München) und Dr. Walter Homolka (München, später Niedersachsen) arbeiten also eng zusammen mit Kolleginnen und Kollegen der progressiven Weltgemeinschaft.

Der Rektor des Leo Baeck College, Professor Jonathan Magonet, führt Dr. Walter Homolka als Landesrabbiner der Israelitischen Kultusgemeinden von Niedersachsen ein. Synagoge Freundallee in Hannover, Juni 1998.

Am 2. Oktober 1997, zu *Rosch ha-Schana* 5758, wurde »*Seder ha-Tefillot* – Das jüdische Gebetbuch« herausgebracht. Durch die Zusammenarbeit des Rektors des Londoner Rabbinerseminars Prof. Jonathan Magonet mit dem Münchener Rabbiner Homolka erschien zum ersten Mal seit der *Scho'ah* wieder ein vollständiges jüdisches Gebetbuch progressiver Prägung. Die letzten Gebetbücher waren in den dreißiger Jahren erschienen und spiegelten die Theologie der Vorkriegszeit. Vor allem benutzten sie Sprache und Theologie der Zeit zu Beginn unseres Jahrhunderts, die heute nicht mehr ohne weiteres im Gottesdienst verwendet werden kann. *Seder ha-Tefillot* hat die Gebetbücher der britischen Reform-Gemeinden zum Vorbild, die 1977 – 1995 erschienen sind. Das neue Gebetbuch bietet seitdem eine Klammer zwischen den unterschiedlichen Gemeinden der »Union progressiver Juden« und dient auch als deutliches Signal nach außen. Die Jüdische liberale Gemeinde »Or Chadash« in Zürich führte 1998 den *Machsor* von *Seder ha-Tefillot* und als *Siddur* das neue *Awoda Schebalew* ein, eine Übertragung des Gebetbuches der israelischen progressiven Gemeinden durch Rabbiner Harry Jacobi aus London.

Zum jüdischen Neujahrsfest 5758 (2. Oktober 1997) wurde in den progressiven Gemeinden des deutschsprachigen Raums das neue Gebetbuch »Seder ha-Tefillot« eingeführt.

Ein äußeres Zeichen des Wiedererstarkens progressiver Traditionen bot die Jahrestagung der »Europäischen Region der Weltunion für progressives Judentum« vom 30.10. bis 2.11.1997 in München. Gastgeber war die Liberale Jüdische Gemeinde »Beth Schalom«. Zum ersten Mal seit 1928 tagte diese Dachorganisation des progressiven Judentums wieder in Deutschland, um zu zeigen, daß jüdisches Leben in diesem Land eine Zukunft hat. Daß trotzdem internationale Besorgnis über die unversöhnliche Situation zwischen orthodox geprägten Einheitsgemeinden und progressivem Judentum in Deutschland herrscht, belegt die Resolution »Zum liberalen Judentum in Deutschland« der zweitausend Mitglieder umfassenden Zentralkonferenz Amerikanischer Rabbiner (CCAR), die im Juni 1998 beschlossen wurde:

»Die Zentralkonferenz Amerikanischer Rabbiner fordert deutsche Regierungsstellen und die Führung der Einheitsgemeinden auf, dem Pluralismus die Möglichkeiten zu geben, die sie öffentlich zugesagt haben, in der Praxis jedoch mit Ausnahme von Berlin und Frankfurt überall abgelehnt haben. Die öffentliche finanzielle Unterstützung muß auf alle anderen Richtungen ausgeweitet werden. Dies muß angemessene

1998 gründen Rabbiner aus England, den Niederlanden, Deutschland, Spanien, der Schweiz, Frankreich und der Ukraine in Lyon eine Europäische Rabbinerkonferenz.

Räumlichkeiten für Gottesdienste und Religionsunterricht sowie Gelder zur Einstellung von Rabbinern, Kantoren und Lehrern mit einschließen. Wir fordern alle diejenigen, die für das jüdische religiöse Leben Verantwortung tragen, auf, die gegenwärtig bestehende Diskriminierung zu beenden.«

Fazit: Die Reform-Bewegung in Amerika wie in Europa hat sich immer weiter entwickelt. Sie ändert und entwickelt sich heute noch immer; und ihre neuen Entwicklungen können noch immer überraschen. Die Reform der Reformen scheint der Kern des heutigen liberalen Judentums zu sein: eine bewußte Rückbesinnung auf eine religiöse Lebenspraxis, die durch die Einhaltung der *Mitzwot* und die Beschäftigung mit dem Religionsgesetz geprägt ist. Auf der Suche nach einer Balance zwischen persönlicher Autonomie und den religiösen Anforderungen der Tradition gibt die Reform-Bewegung auch heute noch lebendige Antworten für ein zeitgemäßes Judentum.

Rabbiner Gabriel Farhi, heute Paris, erhält seine Ordinationsurkunde (Semicha).

Das Reform-Judentum: Lehre und Praxis

Im Laufe der Zeit hat sich das Reform-Judentum sehr verändert. Rückblickend kann man zwei sehr unterschiedliche Phasen unterscheiden. Die eine dauerte vom Anfang des 19. Jahrhundert bis zum Ende der dreißiger Jahre des 20. Jahrhunderts. In diesem Zeitraum der »klassischen Reform« war man gegenüber der Tradition und dem Ritual in hohem Maße kritisch eingestellt und bezeichnete sie als »veraltet« und »überholt«. Heute gibt es aber nur mehr wenige Gemeinden in der Welt, die noch von dieser Position geprägt sind.

Ein neuer Abschnitt in der Geschichte des Reform-Judentums in den USA wurde durch die »Columbus Platform« von 1937 markiert. Seitdem entwickelt sich eine zeitgemäß durchdrungene Hinwendung zu traditionellem Brauchtum und der Observanz von *Mitzwot* im Alltag. Dabei reflektiert sie diese stärker und gibt ihnen zeitgemäße Deutungen.

Rabbiner Abraham Soetendorp (rechts) und
Rabbiner Menno ten Brink beim Bekleiden einer Thorarolle.

Gottesdienst in einem progressiven jüdischen Sommercamp.

Die klassische und die moderne Phase unterscheiden sich pointiert voneinander, was ihre Einstellung zur *Halacha*, ihre Ansichten über Israel und den Zionismus und ihre Vorstellungen über die Bedeutung des Jüdischen Volkes betreffen. Sie sind jedoch von vielen gemeinsamen Überzeugungen gekennzeichnet: Beide Ansätze betrachten das Judentum als eine sich ändernde, sich entwickelnde und heranwachsende Religion. Beide sehen das Judentum als die Religion des Jüdischen Volkes. Beide lehren, daß die prophetischen Ideale der sozialen Gerechtigkeit und des ethisch verantwortlichen Handelns die Grundgedanken des Judentums sind. Beide Gruppen sind davon überzeugt, daß die *Thora* eher »Lehre« als »Gesetz« heißt. Dies bedeutet, daß die *Halacha* oder *Mitzwot* nicht als Gottes wörtliches Gesetz zu verstehen sind, sondern als Schöpfung von Menschen – die auch Menschen neu auslegen und umsetzen können. Die Reform-Bewegung steht Mystik und Wunderglauben sehr kritisch gegenüber. Das Judentum hat demzufolge vielmehr die Aufgabe, den Glauben an den Einen Gott zu verbreiten, und die ethischen Ideale des Judentums mit allen Menschen zu teilen.

Gott

Das progressive Judentum beschäftigt sich, im Gegensatz zur Orthodoxie, ausführlich mit theologischen Fragen und Vorstellungen über Gott. Die ersten progressiven Rabbiner, die von deutschen nichtjüdischen Philosophen wie Kant und Hegel stark beeinflußt wurden, haben sehr viel über Gott diskutiert. Sie beschrieben Gott häufig abstrakt als einen Geist im Universum, der die Ordnung in der Natur und den Ethos des Menschen wahrt. Die orthodoxe Vorstellung eines übernatürlichen Gottes, der Wunder wirkt und die Naturgesetze beeinflußt, konnten sie nicht akzeptieren. Wunder wie die Teilung des Roten Meeres oder das Stillstehen der Sonne bei Josua wurden von Reform-Theologen als alte Legenden interpretiert, die mehr darüber aussagen, was Menschen über Gott dachten, als über Gottes tatsächliches Handeln in der Welt.

Modernes progressives Denken hat neue Ansichten über die Bedeutung Gottes – als Gegenüber der Menschen – entwickelt und spricht von einem persönlichen Verhältnis zu Gott. Für progressive Juden ist Gott natürlich keine Person im menschlichen Sinne, doch glauben sie, daß Gott in uns und in unserer Welt gegenwärtig ist. Gott ist in unserer Geschichte wiederzufinden, vor allem in der jüdischen Geschichte. Der progressive Theologe Eugene B. Borowitz schreibt, daß nur die Gottesvorstellung wahr sein kann, die der *Thora* in unserem Leben einen festen Platz gibt und das Jüdische Volk bewahren hilft. Jede Vorstellung von Gott, die dies nicht bewirkt, sei trügerisch. Und die Existenz Gottes völlig zu leugnen, würde zum Chaos in unserer Gesellschaft führen.

Einige progressive Denker schlagen vor, Gott als einen Teil der Natur und als die Lebenskraft des Universums zu denken. Andere glauben, daß Gott eine Kraft ist, die wir spüren, wenn wir um unsere eigene Entfaltung ringen auf dem Weg unserer körperlichen und moralischen Entwicklung.

Die Ansichten innerhalb des progressiven Judentums über Gott sind heute differenziert und vielfältig. Sie variieren von einem fast orthodox anmutenden, außerweltlichen Gott, der Wunder wirkt und die *Thora* offenbarte, zu einer fast naturalistischen Vorstellung von Gott als einer Macht im Universum.

Die Thora

Die Orthodoxie glaubt fest daran, daß Gott seinem Volk Israel die *Thora* auf dem Berg Sinai offenbart habe, daß jedes Wort der *Thora* heilig und unabänderlich sei und jedes Gebot in der *Thora* bedeutsam. Das progressive Judentum vertritt eine deutlich andere Perspektive: vor allem die moralischen und ethischen Gesetze der *Thora* haben Verbindlichkeitscharakter. Im Mittelpunkt stehen hier die Zehn Gebote, besonders das Liebesgebot »Liebe deinen Nächsten wie dich selbst«. Rituelle Regeln wie die *Kaschrut* und die *Schabbat*-Gebote wurden durch Menschen in einer bestimmten historischen Situation aufgestellt, sind deshalb nicht göttlichen Ursprungs im engeren Sinne und können deshalb nicht selbstverständlich als bindend für heutige Juden betrachtet werden. Die Reform-Bewegung lehrt darüber hinaus, daß Offenbarung ein fortschreitender Prozeß ist. Gott offenbart seinen göttlichen Willen und sein Gebot jeder neu heranwachsenden Generation neu. In früheren Zeiten hatte Gott Regeln offenbart, die zu jener Zeit sinnvoll und notwendig waren. In unseren Tagen offenbart Gott sich neu durch das Volk Israel, seine Lehrer und Gelehrten. So treffen Tradition und Moderne immer wieder in einem beständigen Auslegungs- und Erfahrungsprozeß aufeinander, und es entsteht ein weiteres Glied in der Kette der jüdischen Geistesgeschichte.

Ein Mädchen bei der Prozession der Thorarollen.

Gott gab nach Ansicht des progressiven Judentums nicht Wort für Wort eine auf ewig unabänderliche *Thora*. Vielmehr ist die Bibel zu verstehen als eine Sammlung menschlicher Gedanken über Jahrhunderte hinweg. Als solche kann sie heute unangemessenes Gedankengut enthalten, ja sogar Irrtümer sind nicht ausgeschlossen. Auch der *Talmud* und die gesamte rabbinische Literatur unterliegen diesem Vorzeichen, von Menschen erschaffen worden zu sein. Daher kann auch für diese Texte keine ewige Gültigkeit postuliert werden.

In dieser Kernausage über Gottes Offenbarung von *Thora* und Religionsgesetz unterscheiden sich progressives Judentum und orthodoxes Judentum zutiefst und unüberbrückbar.

Die Ansichten des progressiven Judentums zu den Mitzwot

Die Theologen der klassischen Reform des 19. Jahrhunderts hatten eine ablehnende Haltung zu den Ritualregeln. Gelehrte wie Isaac Mayer Wise, Kaufmann Kohler, David Einhorn, Samuel Hirsch und Emil G. Hirsch hielten sie für altmodisch, unnötig, »orientalisch« anmutend und eher beheimatet in einer nahöstlichen Gesellschaft, als in der modernen westlichen Welt. Viele der *Mitzwot* erschienen ihnen schlicht als Volks- und Aberglaube. Ein weiterer Vorwurf war, daß die Rituale der Orthodoxie Juden von ihren christlichen Nachbarn zu stark absetzten und damit das Jüdische Volk in einem geistigen Ghetto von der Umwelt isolierten. Wise ging so weit, die Befolgung der Speisegesetze als »Küchenjudentum« zu apostrophieren. Es verwundert deshalb kaum, daß im radikalen Schwung der klassischen Reform die Idee aufkam, die *Schabbat*-Gottesdienste auf den Sonntag als allgemeinen Ruhetag zu verlegen. Zumindest erhielt der Freitagabend-Gottesdienst ein stärkeres Gewicht, um das Problem des geringen Gottesdienstbesuches an einem Samstagmorgen anzugehen. Einige verurteilten auch die Beschneidung als ein barbarisches Ritual. Für ultraradikale Reformer der Frühzeit waren die *Mitzwot* wie die äußere Schale einer Nuß, die man entfernen müsse, um zum wohlschmeckenden Kern zu kommen.

Rabbiner David Einhorn (1809 – 1879) gehörte zu den klassischen Reformern. In Deutschland ausgebildet und tätig, ging er 1855 als Rabbiner nach Baltimore.

Doch Isaac Mayer Wise verstand es sehr gut, ähnlich wie Abraham Geiger vormals in Deutschland, mäßigend einzuwirken und die Reform-Bewegung in der Balance zu halten. Er und andere moderate Reformer starteten sogar eine Kampagne, um jüdische Ladenbesitzer davon zu überzeugen, ihr Geschäft am *Schabbat* zu schließen. Dennoch lebt die »Pittsburgh Platform« von 1885 aus dem geistigen Erbe der klassischen Reform und formuliert das Hauptanliegen derer, die sich gegen den traditionalistischen Ritualismus der Orthodoxie gewandt hatten, um einen Weg in die Zukunft zu finden: »Wir sehen die Gesetzgebung des Mose als System, das Jüdische Volk für seine Aufgabe einer Nation in Palästina vorzubereiten. Heute jedoch betrachten wir nur noch seine Moralgesetze als bindend und bewahren nur die Zeremonien, die unser Leben erheben und heiligen, verwerfen jedoch alle, die sich nicht mit Ansichten und Gewohnheiten einer modernen Zivilisation vereinbaren lassen.« Die »Pittsburgh Platform« fügte hinzu, daß die Vorschriften über Speisen, Kleiderordnung und priesterliche Reinheit einer modernen Lebens- und Denkweise nicht angemessen seien.

Die Mehrheit der Reform-Bewegung akzeptierte 1885 ohne weiteres diese Prinzipien und setzte sie um im Leben der Gemeinde, im persönlichen Leben und zuhause. Bräuche, die als altmodisch empfunden wurden, schaffte man ab. *Kippa* und *Tallit* verschwanden. Es wurde Männern und Frauen erlaubt, beim Gottesdienst zusammenzusitzen. Der zweite Tag der Observanz von Festtagen wurde fallengelassen, weil der Grund seiner Einführung längst weggefallen war: die Unsicherheit der Bestimmung von Festtagen vor der Errechnung genauer Kalender. Einige Feiertage wie *Purim* und *Tischa be-Aw* wurden ganz abgeschafft. Die *Schabbat*-Vorschriften wurden gelockert, so daß Schreiben, Fahren und Rauchen erlaubt waren. Viele Speisevorschriften wurden aufgegeben. Religiöser Ehevertrag und Scheidebrief waren nicht länger erforderlich. Die Konfirmation, üblicherweise zu *Schawuot*, dem Fest der *Thora*-Gabe, ersetzte die *Bar-Mitzwa* mit dreizehn Jahren. Eine ganze Anzahl traditioneller Trauervorschriften im Todesfall wurden verändert oder abgeschafft. Mischehen zwischen Juden und Christen ohne Übertritt des nichtjüdischen Partners wurden geduldet. Sonntagsschulen ersetzten die jüdischen Ganztagesschulen oder den jüdischen Nachmittagsunterricht und Hebräisch wurde aus dem Lehrplan gestrichen. In Deutschland blieb diese radikale Haltung der Reform auf Rabbiner Samuel Holdheim und den Berliner Reform-Tempel in der Johannisstraße beschränkt.

Von Bedeutung ist, daß das Reform-Judentum Männern und Frauen bereits im 19. Jahrhundert eine gleichberechtigte Rolle im religiösen Leben einräumte. 1936 war in Deutschland mit Regina Jonas die erste

Rabbinerin Sally J. Priesand war 1974 die erste
ordinierte Frau in der amerikanischen Reform-Bewegung.

Frau durch Rabbiner Max Dienemann zur Rabbinerin ordiniert worden. 1974 ordinierte das »Hebrew Union College« in Cincinnati Sally Priesand als erste Frau in Amerika und der übrigen Welt zur Rabbinerin.

Die Haltung des progressiven Judentums heute

Mit der Ankunft der stark traditionell orientierten osteuropäischen Juden um 1890 fing die Reform-Bewegung in Amerika an, ihre Einstellungen in vielen Hinsichten zu ändern. Die klassische Richtung der Reform wurde offener gegenüber ritueller Observanz und ein Umschwung setzte ein, der heute konservatives und Reform-Judentum in enge Nachbarschaft bringt. Viele Reform-Rabbiner zu Beginn des 20. Jahrhunderts waren der Ansicht, das Judentum könne nicht mit hehren Prinzipien und großen Ideen allein überleben. Um ihm im Alltag Bedeutung zu geben, brauche es die Möglichkeit zu konkreter Handlung, es brauche Symbole, Zeremonien und die Beachtung von *Mitzwot*. Es mag überraschend klingen, daß es ausgerechnet der radikale Reformer Kaufmann Kohler gewesen war, der das »Responsa Committee« der CCAR ins Leben gerufen hatte. Unter einem seiner Nachfolger, Solomon B. Freehof, wurde die Arbeit dieses »Committee« zum Kern der *halachischen* Erneuerung des amerikanischen Reform-Judentums. Es waren Rabbiner wie Solomon B. Freehof, die ab den dreißiger Jahren die Notwendigkeit unterstrichen, daß der Observanz eine klare Rolle zugeschrieben werden müsse. Damit war der Schulterschluß mit den weit gemäßigteren liberalen Rabbinern in Europa vollzogen. In Deutschland und England etwa hatte man immer schon eine moderate Veränderung der Tradition vorgezogen. Rabbiner wie Abraham Geiger, Max Wiener, Max Dienemann und Leo Baeck hatten stets die Meinung vertreten, daß das Judentum nicht nur mit hohen Prinzipien oder ethischen Ideen allein bestehen konnte. Es brauchte konkrete Taten und Symbole, *Mitzwot* und Zeremonien – also eine Lebenspraxis –, um

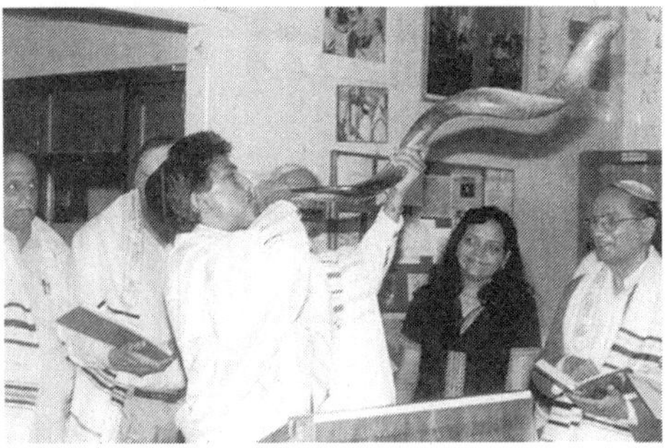

Der Ton des Schofar-Horns erklingt am Neujahrstag in einer jüdischen Reform-Gemeinde im indischen Mumbai (Bombay).

Religionsunterricht in der Gemeinde ist ein wichtiger Baustein der jüdischen Erziehung.

dem Judentum tagtäglich Bedeutung zu verleihen. So vollzog man in den USA nun den Umschwung zu einem geregelteren Umgang mit den *Mitzwot*, um eine gewisse Beliebigkeit in den Bräuchen zu ersetzen. Schließlich erinnerten die »Guiding Principles« der »Columbus Platform« aus dem Jahr 1937 die Reform-Bewegung daran, daß das Judentum als Lebenshaltung – neben seinen moralischen und geistigen Anforderungen – die Einhaltung des *Schabbat*, der Festtage und der Hohen Feiertage verlange, außerdem die Beibehaltung und Fortentwicklung von Bräuchen, Symbolen und Ritualen mit Inspirationskraft, die Kultivierung künstlerischen und musikalischen Ausdrucks im religiösen Vollzug, und schließlich den Gebrauch des Hebräischen neben der Landessprache in Gottesdienst und Religionsunterricht.

Innerhalb kürzester Zeit wurden die »Central Conference of American Rabbis« und die »Union of American Hebrew Congregation« als progressiver Gemeindeverbund dieser Forderung gerecht. In Gottesdienst und Religionsunterricht wurde mehr Hebräisch eingeführt, der Religionsunterricht selbst wurde intensiviert, Rituale wie der *Kiddusch* am Freitagabend wurden wiederbelebt und eine immer größer werdende Anzahl von liberalen Jüdinnen und Juden begannen, Speise-

Der Kindergarten der Liberalen jüdischen Gemeinde in Kiew mit Rabbiner David Wilfond.

vorschriften und *Schabbat*-Gebote in ihr Leben zu integrieren. Das augenblicklich gebräuchliche Gebetbuch von 1976, »Gates of Prayer«, hat die hebräische Sprache im Gottesdienst weitgehend wiederhergestellt, früher gestrichene Gebete und Festtagseinschübe wieder aufgenommen und einen speziellen Gottesdienst zum israelischen Unabhängigkeitstag geschaffen. Das deutsche progressive Gebetbuch von 1997, *Seder ha-Tefillot*, beruht auf der Liturgie der Reform-Synagogen von Großbritannien und ist somit von vornherein geprägt vom moderaten Geist der behutsamen Eingriffe in den überlieferten Textbestand aus theologischen Grundsatzerwägungen oder ästhetischen Überlegungen. Es steht so in einer Reihe mit den Gebetbüchern der deutschen liberalen Tradition, die stets darum bemüht waren, einen Mittelweg zu gehen, der vielen gerecht wird.

Auf dem Weg zu einer progressiven Halacha

Die Suche nach sinnvollem Umgang mit Ritualen und nach zeitgemäßen Antworten auf Lebensfragen führte zu einem verstärkten Studium der rabbinischen Quellen und Responsenliteratur im progressiven Judentum. Schon Rabbiner Dr. Solomon B. Freehof war der Meinung gewesen, daß die *Halacha* ein sinnvoller Ratgeber sein könne, auch wenn man sich von ihren Aussagen nicht beherrschen lassen solle. Eugene Borowitz und Jakob J. Petuchowski bestanden darauf, daß *Halacha* von entscheidender Bedeutung sei, und daß die *Mitzwot* helfen könnten, die Vergangenheit wieder zu erleben. Sie würden so das Überleben des Jüdischen Volkes garantieren und durch den Bund vom Sinai eine persönliche Beziehung zu Gott bilden.

Rabbiner Solomon B. Freehof (1892 – 1990) ist einer der Wegbereiter moderner Auslegung der Halacha.

Das Interesse an der *Halacha* als Anleitung für einen jüdischen Lebensstil ergänzt also im zeitgenössischen Judentum die geistige Suche nach Spiritualität und moralischer Rechtschaffenheit. Schon seit den dreißiger Jahren gab es eine Rückbesinnung auf die *halachischen* Quellentexte, die vorbereitet war durch einige Professoren am »Hebrew Union College«. Zur Grundlage der Beschäftigung mit der *Halacha* aus progressiver Sicht sollten die vielfältigen Responsen von Solomon B. Freehof in Pittsburgh werden. Freehof war 1915 vom »Hebrew Union College« ordiniert worden; nach seiner Zeit als Militärkaplan während des Ersten Weltkriegs lehrte er zunächst am »Hebrew Union College«, bevor er 1924 Rabbiner am »Kehillath Anshe Maariv« Tempel in Chicago wurde. Seit 1934 war er Oberrabbiner am »Rodef Shalom« Tempel in Pittsburgh. 1944 erschien sein erster Band an Responsen: »Reform Jewish Practice and its Rabbinic Background«. Dem sollten mehrere weitere Bände folgen, bis schließlich Dr. Walter Jacob, sein Kollege und Nachfolger als Oberrabbiner am »Rodef Shalom« Tempel in Pittsburgh und als Vorsitzender des »Responsa Committee«, diese Arbeit fortsetzte und konturierte. Dr. Walter Jacob, auch Präsident der CCAR und Vizepräsident der »Weltunion für progressives Judentum«, hat wohl die weitaus meisten Responsen der progressiven Bewegung veröffentlicht und darf als Kapazität bezeichnet werden, deren Autorität weit über die amerikanische Reform-Bewegung hinausgeht. 1990 wird das »Solomon B. Freehof Institute for Progressive Halakhah« in Pittsburgh gegründet, dessen Präsident Oberrabbiner Dr. Walter Jacob ist. In England wird diese *halachische* Expertise durch den Präsidenten der »Union of Liberal and Progressive Synagogues«, Rabbiner Dr. John D. Rayner, vertreten. Der *Aw Bet Din* der israelischen progressiven Bewegung, Rabbiner Dr. Moshe Zemer, ergänzt diese Riege jener, die sich positiv-kritisch mit der *halachischen* Tradition im progressiven Judentum und ihrer Adaptation für die Gegenwart beschäftigen.

Oberrabbiner Dr. Walter Jacob ist der Präsident des Instituts für Progressive Halacha in Pittsburgh und Tel Aviv.

Seit den dreißiger Jahren befindet sich die Reform-Bewegung in den Vereinigten Staaten auf dem Weg zu einer traditionsorientierten Beschäftigung mit der rabbinischen Literatur. Damit trifft sie sich mit ihren europäischen Wurzeln, die diese Position von jeher eingenommen und damit das Entstehen einer konservativen Bewegung auf deutschem Boden überflüssig gemacht hatte. Ein guter Beleg für diese Veränderung ist in der Beurteilung von Mischehen zu finden. Schon 1909 hatte die »Central Conference of American Rabbis« formuliert, daß das Eingehen von Mischehen gegen die Tradition der jüdischen Religion verstoße und deshalb vermieden werden sollte. Aber nie war es zu Sanktionen der CCAR gegen die etwa vierzig Prozent ihrer Mitglieder gekommen, die

Trauungen von Mischehen vornahmen. 1971 wurde schließlich ein Antrag gestellt, solche Trauungen durch Reform-Rabbiner zu verurteilen. Nach langer Debatte wurde dieser Antrag 1973 durch die Mitglieder der CCAR verabschiedet. Einige Reform-Rabbiner bildeten deshalb Splittergruppen. Sie waren der Ansicht, daß die Reform-Bewegung zu traditionell würde. Doch der Trend ist eindeutig. Die Reform-Bewegung richtet sich heute auf jeden Fall stärker nach den *Mitzwot* und den traditionellen Bräuchen aus. Sie bewahrt dabei aber ihren spezifischen Charakter, der eine verantwortungsvolle und zeitgemäße Auslegung des Judentums fordert.

Das Jüdische Volk

Die Begründer der europäischen Reform-Bewegung seit David Friedländer und Israel Jacobson hatten die Chance der Emanzipation ergriffen, den Weg aus dem Ghetto zu finden und sich im Geist der Aufklärung als Staatsbürger ihres Heimatlandes zu verstehen. Folglich vertraten sie die Position, daß das Judentum keine selbständige Nation sei und ihre Loyalität ganz der Nation gehöre, in der sie lebten und zu der sie ganz gehören wollten. Diesen Gedanken führte die amerikanische Reform-Bewegung noch weiter. In der »Pittsburgh Platform« von 1885 verkündete sie: »Wir betrachten uns nicht länger als eine Nation, sondern als eine religiöse Gemeinde.« Amerikanische Juden seien Amerikaner von ihrer Nationalität und würden eine Rückkehr nach Israel nicht in Betracht ziehen, sei doch Amerika ihre Heimat.

Die Reform-Bewegung lehnte deshalb das Konzept vom »auserwählten Volk« ab und ersetzte es durch die Lehre von der »besonderen Aufgabe«. Diese These stammt ebenfalls von 1885 und formuliert, daß es die Aufgabe Israels sei, allen Völkern der Welt die Botschaft vom ethisch-moralischen Monotheismus zu bringen. Israel solle, wie es der Prophet Jesaja gefordert hatte, ein Licht unter den Völkern sein und ihnen so den Weg zu Gerechtigkeit, Wahrheit und Frieden weisen. Deshalb sei das Exil auch keine Strafe, sondern die Voraussetzung dafür, dieser Aufgabe Gottes gerecht zu werden. Isaac Mayer Wise und Kaufmann Kohler glaubten zutiefst an diese besondere Aufgabe Israels und waren überzeugt, daß fünfzig Jahre später das liberale Judentum alle amerikanischen Juden erfaßt haben werde.

In der »Columbus Platform« von 1937 wurde die Idee von der besonderen Aufgabe Israels neu umrissen. Das Jüdische Volk sei eine Nation im Geist mit einer besonderen Aufgabe: mit der Verantwortung dafür, Gerechtigkeit, Freiheit, Spiritualität und Moral zu lehren. Auch wenn einige progressive Theologen diese Vorstellung heute für pathetisch halten, nehmen viele progressive Jüdinnen und Juden diese Rolle sehr ernst.

Das Land Israel

Da die klassische Reform-Bewegung das Judentum nicht als eine Nation ansah, kam eine Rückkehr nach *Eretz Jisraël* nicht in Betracht. Die Gebete um Rückführung nach Zion, Wiedererrichtung Israels oder Wiedereinführung des Tempelopfers waren aus der Liturgie entfernt worden. Isaac Mayer Wise und Kaufmann Kohler erwiesen sich als erbitterte Gegner des frühen Zionismus. Beide unterstützten die Erklärung in der »Pittsburgh Plattform« von 1885: »Wir erwarten weder eine Rückkehr nach Palästina, noch einen Opferkult unter der Führung von Aarons Söhnen, noch daß irgendwelche Gesetze wieder in Kraft träten, die an den jüdischen Staat geknüpft sind.« Für die Reformer war Amerika das neue Zion, seine Städte waren das neue Jerusalem und ihre Synagogen der Ersatz für Jerusalems alten Tempel.

Die heftigsten Gegner der zionistischen Bewegung seit 1897 fanden sich in der »Central Conference of American Rabbis« und der »Union of American Hebrew Congregations«. Beide Organisationen befürchteten, daß man den Juden Untreue ihrem Land gegenüber vorwerfen könnte, sollten sie den Zionismus unterstützen. Was würde außerdem aus der besonderen Aufgabe des Jüdischen Volkes werden, ein Licht unter den Völkern zu sein? Man empfand den Gedanken der Wiederbesiedelung des Gelobten Landes als einen Rückfall aus einer Haltung von geistiger und universaler Größe auf politischen Nationalismus.

Doch schon früh wandten sich einige Reform-Rabbiner gegen diese Position. Stephen S. Wise, Barnet Brickner und Abba Hillel Silver sahen die Verfolgungswellen, denen Juden in Europa ausgesetzt waren, und den aufkeimenden Nationalismus in vielen Völkern der Welt. Für sie barg der Zionismus die Hoffnung auf eine jüdische Zukunft für viele. Schließlich setzte sich diese Position durch, und seit den dreißiger Jahren des

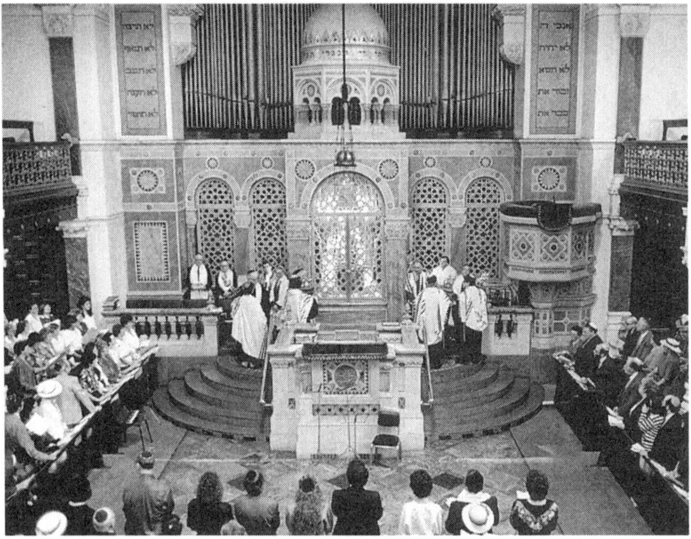

1989 wurden die Absolventen des Leo Baeck College London in der West London Synagogue zu Rabbinern ordiniert.

20. Jahrhunderts unterstützte die Reform-Bewegung die jüdischen Siedler in Palästina. Die »Columbus Platform« von 1937 sprach von einer Verpflichtung aller Juden, dabei zu helfen, Palästina als Heimatland der Juden zu errichten.

Seit 1948 hat die weltweite progressive Bewegung den Staat Israel maßgeblich unterstützt. 1958 empfahl die »Assembly of Rabbis« der »Reform Synagogues of Great Britain«, den israelischen Unabhängigkeitstag jedes Jahr auch mit einer religiösen Feier zu begehen. Das »Hebrew Union College« errichtete einen Campus in Jerusalem, an dem jeder angehende Rabbiner sein erstes Jahr verbringt, die »Weltunion für progressives Judentum« verlegte ihren Hauptsitz dorthin. Seit 1975 ist sie Mitglied in der »World Zionist Organisation«. 1977 wurde der progressive Kibbutz »Yahel« im Negev gegründet, 1983 folgte der Kibbutz »Lotan«. Der progressiven Bewegung in Israel gehören mittlerweile zwanzig Gemeinden im ganzen Land an.

Obwohl die moderne Reform-Bewegung den Staat Israel und einen Zionismus unterstützt, der auf religiösen Werten und dem Glauben an Gott beruht, weist sie den Anspruch des orthodoxen Judentums zurück, in Israel ein religiöses Monopol ausüben zu wollen. Israel solle allen religiösen Gruppen gleiche Rechte einräumen.

Die jüdische Gemeinschaft

Die Anhänger der Reform-Bewegung arbeiten seit vielen Jahren mit orthodoxen, konservativen, rekonstruktionistischen und säkularen Juden eng zusammen: gemeinsam haben sie wohltätige Zwecke unterstützt, sind für Menschenrechte eingetreten und haben den Juden in Rußland ihre Hilfe zukommen lassen.

Ein Eckpfeiler der Reform-Bewegung ist ihr Engagement für soziale Gerechtigkeit und Freiheit aller Menschen unabhängig von Religion, ethnischer Zugehörigkeit und Nationalität. Reform-Rabbiner und Laien setzen sich ein für die Wahrung der Bürgerrechte, eine faire Behandlung von Arbeitnehmern, die Trennung von Religion und Staat, liberale Gesetze zur Geburtenkontrolle und weltweite Abrüstung. Die Aussagen zu Recht und Gerechtigkeit der »Pittsburgh Platform«, wie sie schon Israels Propheten gelehrt haben, können heute als Modell für soziales Gewissen dienen. In der »Columbus Platform« von 1937 heißt es: Ohne die Nächstenliebe ist die Liebe zu Gott nicht vollendet. Sie forderte das Ende der Ausbeutung und Tyrannei, der Armut und des Vorurteils, des menschlichen Leidens und der Ungleichheit. Reform-Rabbiner kämpften für die Rechte der Arbeiter, für das Ende der Kinderarbeit, gerechte Löhne und bessere Arbeitsbedingungen. Viele Reform-Rabbiner in Amerikas Süden machten sich für die Bürgerrechte der Afroamerikaner stark. Andere waren Vorreiter der Friedensbewegung oder des ökologischen Protests. Über viele Jahre hat sich die Reform-Bewegung einen Namen gemacht durch aktiven und toleranten Einsatz für Themen von sozialer und gesellschaftlicher Relevanz.

Jüdisches Lernen heißt, sich ein Leben lang aktiv mit dem Judentum auseinanderzusetzen: Elie Wiesel hält einen Vortrag bei einem Treffen der liberalen jüdischen Bewegung in Frankreich.

Interreligiöse Aktivitäten

An den Anfängen der Reform-Bewegung stand die Auseinandersetzung mit dem Christentum als Ergebnis der soeben gewonnenen Freiheiten. Das liberale Judentum hat sein großes Verdienst gerade in der Verteidigung der jüdischen Tradition und Existenzberechtigung gegenüber dem Absolutheitsanspruch eines Christentums, das keineswegs aufgehört hatte, den Missionsbefehl unter Juden verwirklichen zu wollen. Diese Frontstellung wurde in Amerika schon bald abgelöst von einem brüderlichen Miteinander im Geist monotheistischer und ethischer Verwandtschaft. Das Ziel der Errichtung eines göttlichen Reiches der Gerechtigkeit, der Wahrheit und des Friedens bietet beiden Religionen eine Basis der Zusammenarbeit. Heute ist der Geist der interreligiösen Zusammenarbeit ein signifikantes Merkmal des liberalen Judentums. Reform-Rabbiner predigen in Kirchen und laden Geistliche anderer Glaubensrichtungen in ihre Synagogen ein. All dies soll dazu beitragen, die Mauern von Haß und Vorurteil niederzureißen, die Juden und Christen so lange getrennt haben.

Im jüdisch-christlichen Dialog in Deutschland bekannt ist Rabbiner Dr. Albert H. Friedlander aus London.

Auch in Deutschland wird die Arbeit des christlich-jüdischen Dialogs seit Ende des Krieges von progressiven Rabbinern wie Landesrabbiner N. Peter Levinson getragen. So ist der liberale Landesrabbiner von Westfalen-Lippe, Dr. Henry Brandt, der jüdische Vorsitzende des Koordinierungsrates der »Gesellschaften für christlich-jüdische Zusammenarbeit«. In der Arbeitsgruppe »Juden und Christen« beim »Deutschen Evangelischen Kirchentag« sind Rabbiner wie Albert H. Friedlander und Jonathan Magonet tätig, Dekan und Rektor des Londoner progressiven Rabbinerseminars »Leo Baeck College«. Und Rabbiner Tovia Ben-Chorin, der Sohn des berühmten liberalen jüdischen Religionsphilosophen Schalom Ben-Chorin, tritt heute maßgeblich dafür ein, daß das geistige Erbe seines Vaters eine Fortführung in der Zukunft findet.

Religiöse Praxis

Das liberale Judentum faßt die Autorität der *Halacha* anders auf, als dies dem orthodoxen Verständnis entspräche, und betont vor allem die Gültigkeit der ethisch-moralischen Regeln im Judentum. In der Frühphase der Reform-Bewegung wurde deshalb wenig Wert auf die Durchformung des Alltags mit Ritualen gelegt, rituelle Einschränkungen wurden sogar als Aberglaube verworfen. Seit über siebzig Jahren hat sich diese Einstellung jedoch umgekehrt. Zwar haben *Mitzwot* aus der Sicht des liberalen Judentums nach wie vor keine göttliche Verbindlichkeit, doch bereichern sie das religiöse Leben und tragen zur Identitätsbildung als Jüdin oder Jude bei. Das Reform-Judentum ist heute den Traditionen gegenüber sehr aufgeschlossen und positiv eingestellt.* Es wird allgemein erwartet, daß zu Hause *Kiddusch* gemacht wird und die Lichter gezündet werden, daß während *Pessach* kein *Chametz* gegessen wird und daß man keine verbotenen Tiere verzehrt. Die *Kaschrut*-Regeln werden in progressiven Haushalten nicht streng beachtet. In der Synagoge pflegt man hingegen eine strengere Observanz, um allen Juden Gastrecht gewähren zu können.

Das progressive Judentum erwartet, daß jüdische Menschen den *Schabbat* zu einem Tag der Ruhe machen, überläßt die verantwortliche Ausgestaltung aber jedem selbst. Die traditionellen Arbeiten (z.B. Schreiben, Fahren, Feuer machen) betrachtet sie nicht prinzipiell als Verstoß. Natürlich wird von progressiven Juden erwartet, daß sie regelmäßig an den Gottesdiensten und am Gemeindeleben teilnehmen, um ihre jüdische Pflicht zu erfüllen. Die Beschneidung der Söhne ist selbstverständlich. Die *Bar-Mitzwa* ist in allen progressiven Gemeinden üblich. Die *Bat-Mitzwa* für Mädchen wurde parallel früh eingeführt. Daneben kann in einem späteren Lebensalter der Jugendlichen als Abschlußfeier der Religionsschule die Konfirmation hinzukommen. Die meisten progressiven Synagogen führen geregelten Religions- und Hebräischunterricht für alle Altersstufen durch.

Obwohl eine Ehe zwischen Juden als Ideal betrachtet wird, lernen sich in der Praxis oft Juden und Nichtjuden kennen und lieben. In diesem Fall

* Einen genauen Überblick über die Observanz progressiver Jüdinnen und Juden gibt »Progressives Judentum – Leben und Lehre« von Rabbiner Dr. Jonathan Romain und Rabbiner Dr. Walter Homolka, München 1999.

ist es liberalen Rabbinern in Europa keinesfalls erlaubt, eine Mischehe religiös einzusegnen. Allerdings gibt es kein Problem, wenn der nichtjüdische Partner ins Judentum eintreten möchte, um den Kindern eine klare Identität zu geben. In Europa werden Statusfragen durch ein zentrales Europäisches *Bet Din* geregelt, dessen Sitz in London ist. Die Entscheidungen des Europäischen *Bet Din* werden von allen nicht-orthodoxen jüdischen Institutionen in der Welt anerkannt. Der Übertritt zum Judentum vor diesem Gericht erlaubt in Israel die Inanspruchnahme des Rückkehrergesetzes.

Das progressive Judentum hat viele der traditionellen Rituale des Todes und der Trauer angepaßt. Viele progressive Juden trauern anstatt sieben nur drei Tage lang. Für die Beerdigung verwenden sie traditionsgemäß nur einen schlichten hölzernen Sarg.

Männer und Frauen sitzen in progressiven Synagogen zusammen, und Instrumentalmusik und Chorgesang können Teil des Gottesdienstes sein. Dem Freitagabend-Gottesdienst wird mehr Gewicht gegeben als traditionell üblich. Oft hat er sich zum Hauptgottesdienst der Gemeinde herausgebildet. Der Gottesdienst wird in Hebräisch und Deutsch gehalten. In Europa ist der Gebrauch von *Kippa* und *Tallit* allgemein üblich und auch für Frauen erlaubt. Das Legen von *Tefillin* ist individuell

Rabbiner Hugo Gryn lehrt am Grab von Leo Baeck.

Landesrabbiner Dr. Walter Homolka beim traditionellen Entzünden der Kerzen zum jüdischen Lichterfest (Chanukka) in der Jüdischen Gemeinde in Hildesheim.

freigestellt, im Gemeindegottesdienst aber extrem selten. Den jüdischen Feiertagen wird kein zweiter Tag der Observanz hinzugefügt, da jüdische Feste heute einwandfrei kalendarisch bestimmt werden können. Dies entspricht damit biblischem Brauch. Beim *Thora*-Aufruf wird nicht zwischen *Kohen*, *Levi* (den Angehörigen der priesterlichen Kaste) und *Israel* (dem Volk) unterschieden. Da die Wiedererrichtung des Tempels kein Ziel mehr ist, wird die Unterscheidung von Priestern und Leviten sinnlos. Darüber hinaus kann auch die Zugehörigkeit zu diesen Kasten nicht mehr zweifelsfrei erhoben werden.

Im deutschsprachigen Raum gilt die Abstammungslinie von der Mutter (Matrilinearität). Frauen sind in jeder Beziehung gleichgestellt und dürfen alle Gemeindeämter ebenso wahrnehmen, wie sich zu Rabbinerinnen oder Kantorinnen ausbilden.

Offensichtlich ähnelt die alltägliche Observanz von liberalen Juden gerade in Europa derjenigen sehr, die das konservative Judentum in Amerika empfiehlt. Liberale Juden legen aber noch immer einen hohen Wert

Auch den Kleinsten wird progressives Judentum verständlich nahegebracht: Der Tradition verpflichtet sein und einen offenen Umgang mit der modernen Umwelt leben.

auf die Moralgesetze des Judentums und messen diesen mehr Bedeutung bei als den Ritualgeboten. Liberale wie konservative (und rekonstruktionistische) Juden haben ihren Ursprung in der gleichen Einsicht: daß Gottes Offenbarung progressiv ist. Deshalb arbeiten liberale und konservative Juden eng zusammen.

Das konservative Judentum

Tradition und Wandel

Das konservative Judentum hat, wie die Reform-Bewegung auch, seinen Ursprung im Deutschland des 19. Jahrhunderts. Auslöser war die Ansicht mancher, daß die klassische Reform-Bewegung vor allem in Amerika mit der Änderung traditioneller Bräuche zu weit gehe. Von den geistigen Vätern sind drei zu nennen, die zugleich auch eine herausragende Stellung in der Entwicklungsgeschichte der Wissenschaft des Judentums einnehmen: der Berliner Rabbiner Michael Sachs (1808 – 1864), der Dresdner Oberrabbiner Zacharias Frankel (1801 – 1875), der außerdem die berühmte »Monatsschrift für Geschichte und Wissenschaft des Judentums« begründet hatte, und schließlich Solomon Schechter (1847 – 1915). Sie alle drei suchten nach einem Mittelweg zwischen der orthodoxen Position des *Thora min ha-Schamajim* (Die *Thora* stammt vom Himmel) und deren schroffen Zurückweisung durch die frühe Reform-Bewegung. Damit schufen sie die Grundlagen für eine Strömung der Gegenreform.

Zacharias Frankel, der aus Prag stammte, war 1845 zur Rabbinerversammlung nach Frankfurt am Main gefahren, um sich mit seinen reformwilligen Kollegen zu treffen. Tief enttäuscht verließ er die Versammlung nach dem dritten Tag, als sich seine Kollegen darauf verständigt hatten, der Gebrauch der hebräischen Sprache sei in der Synagoge nicht länger zwingend erforderlich. Frankel war anderer Meinung. Zusammen mit einer Gruppe gemäßigter Reformer gründete er 1854 das »Jüdisch-Theologische Seminar« von Breslau und wurde dessen erster Rektor. Dort wurde eine Variante des nicht-orthodoxen Judentums gelehrt, die bald unter dem Namen »positiv-historisch« bekannt werden sollte. »Positiv« war sie, weil sie im Gegensatz zur klassischen Reform-Bewegung in Deutschland *Mitzwot* und *Halacha* traditionell bewahren wollte. Sie war »historisch«, weil sie anerkannte, daß das Judentum nicht vom Himmel gefallen sei, sondern seine Gesetze und Institutionen über die Jahrhunderte hinweg entwickelt und verändert habe. Deshalb sei es für ein richtiges Verständnis des Judentums von entscheidender Bedeutung, diese historischen Entwicklungen zu studieren. So wenig Frankel die Möglichkeit der Veränderung und Weiterentwicklung im Judentum ausschließen wollte, so entschieden lehnte er jedoch prinzipielle Eingriffe in die Tradition nach Art der Reformen Abraham Geigers ab.

Auch Solomon Schechter – ein gebürtiger Rumäne, der über Wien, Berlin und Cambridge schließlich an das »Jewish Theological Seminary«

nach New York kommen sollte – strebte eine Synthese aus traditionellem Judentum und der Wissenschaft des Judentums an. Das Ergebnis war seine Vision eines »Catholic Israel«. Dabei nahm er »katholisch« wörtlich: Gott habe seine *Thora* durch das ganze Jüdische Volk offenbart. Das Volk Israel sei damit nicht bloß Empfänger, sondern durch seine lange Geschichte hindurch zugleich auch Schöpfer der *Thora*. Schechter leitete daraus die Kompetenz des Jüdischen Volkes ab, Quelle und Autorität aller Neuerungen innerhalb des Judentums zu sein. Entscheidend war für ihn dabei der Konsens darüber, was dauerhaft und bindend sei und was man als zeitbedingt auch Veränderungen unterwerfen dürfe. Mit allumfassend (katholisch) sei das Jüdische Volk als Ganzes gemeint, dessen religiöser Vollzug in seiner Unterschiedlichkeit letztlich doch immer wieder Konsensbildungen zeitigt. Das Volk ist die Autorität, der die Kompetenz zukommt, zwischen Dauerhaftem und Vergänglichem zu unterscheiden. Das »positiv-historische« Judentum hatte in Europa keinen großen Erfolg. In den Vereinigten Staaten wurde es zu einer eigenständigen Bewegung moderater Reform.

Solomon Schechter (1847 – 1915), Rabbiner und Gelehrter, suchte eine Synthese zwischen Moderne und Tradition. Bekannt wurde er durch die Entdeckung der Kairoer Genisa.

Der Sprung nach Amerika

Die Gründer der konservativen Bewegung in Amerika waren Rabbiner und Laien, die weder dem orthodoxen Judentum noch dem Reform-Judentum angehörten. Am besten könnten sie als »traditionelle Juden« beschrieben werden. Obwohl sie die tiefgreifenden Reformen der progressiven Bewegung ablehnten, anerkannten sie das Bedürfnis nach Änderung und Aktualisierung der jüdischen Gesetze und Bräuche. Eine erste wichtige Persönlichkeit in Amerika war Isaac Leeser (1806 – 1868), der als Rabbiner an der »Mikwe Israel« Synagoge in Philadelphia amtierte. Leeser hielt seine Predigten auf englisch, übersetzte die Bibel ins Englische, verfaßte Schulbücher, gab die Zeitschrift »The Occident« heraus, sammelte Geld zur Unterstützung von Siedlern in Palästina und gründete das erste Rabbinerseminar: das »Maimonides College of Philadelphia«. Er wollte nicht orthodox genannt werden und lehnte den Begriff »Reform« ab. Im Rückblick ist deutlich, daß er der Vorläufer dessen war, was heute einen konservativen Rabbiner ausmacht.

Die Rabbiner Benjamin Szold aus Baltimore, Sabato Morais aus Philadelphia und viele Rabbiner aus New York haben die Arbeit von Leeser weitergeführt. Daneben zog die neue Bewegung auch wichtige Laien an wie Joseph Blumenthal, Henrietta Szold und Cyrus Adler. Einige dieser ersten Persönlichkeiten des konservativen Judentums waren damals noch eng mit der Orthodoxie verbunden; manche traten schließlich sogar zur orthodoxen Bewegung über. Andere standen der Reform-Bewegung näher, lehnten aber die Ideen von Isaac M. Wise, Kaufmann Kohler und David Einhorn ab. Sie stimmten jedoch alle in ihrer Entschlossenheit überein, an der Tradition festzuhalten und dabei gleichzeitig die traditionellen Bräuche zu modernisieren.

Am Anfang versuchten einige dieser Traditionalisten, innerhalb der klassischen Reform-Bewegung zu arbeiten. Sabato Morais unterstützte Isaac Mayer Wise bei der Errichtung des »Hebrew Union College«. Aber Morais und seine Mitstreiter waren verärgert, als die Reform-Synagogen Gottesdienste am Sonntag einführten – und sie waren entsetzt, als 1883 bei der Abschlußfeier der ersten Klasse des »Hebrew Union College« nicht-*koscheres* Essen serviert wurde. Die Veröffentlichung der »Pittsburgh Platform« von 1885 war schließlich der Auslöser: Morais und seinen Mitarbeitern wurde deutlich, daß ein Rabbinerseminar errichtet werden mußte, das sich der Bewahrung des traditionellen Judentums verschrieb.

Das »Jewish Theological Seminary«

Sabato Morais versammelte 1886 eine Gruppe von Anhängern seiner Idee in New Yorks »Shearith Israel« Synagoge, dem Gebetshaus der spanisch-portugiesischen Gemeinde. Gemeinsam gründeten sie ein neues Seminar für die Ausbildung traditionell orientierter Rabbiner. Zwar schlugen einige Teilnehmer als Namen »Orthodox Seminary« vor, aber die Mehrheit sprach sich für eine neutralere Bezeichnung aus. Man einigte sich schließlich auf »Jewish Theological Seminary of America« (JTS).

Rabbiner Sabato Morais (1823 – 1897) wurde in Italien geboren. Über London kam er 1851 in die Vereinigten Staaten.

Es war Rabbiner Alexander Kohut, der als einer der Ersten den Begriff »konservativ« in seinen Schriften und Reden verwendete. »Konservativ« hieß für ihn zweierlei: Erstens war das Ziel der Bewegung die »Konservierung« oder »Bewahrung« jüdischer Tradition. Zweitens wäre es »konservativ«, die massiven Änderungen der klassischen Reform-Bewegung abzulehnen und dennoch die notwendigen Änderungen mit Vorsicht und Bedacht ins Werk zu setzen. So blieb der Begriff kennzeichnend für eine Bewegung, die Tradition und Moderne behutsam miteinander in Beziehung zu setzen suchte.

Das neue Seminar machte sein Ziel in der Gründungsurkunde deutlich. Man würde den mosaischen Gesetzen und der Tradition der Vorväter treu bleiben und in diesem Geist der Treue Bibel und rabbinische Literatur lehren. Rabbiner wolle man unterrichten in jüdischem Wissen, in der hebräischen Sprache und im jüdischen Religionsgesetz.

Das »Jewish Theological Seminary« eröffnete 1887 mit der Immatrikulation von acht Studenten unter Sabato Morais als erstem Präsidenten. Die Fakultät war nur halbtags geöffnet, und Morais selber reiste stets von seinem Wohnort in Philadelphia nach New York, um dort zu unterrichten. Von den Studenten erwartete man, daß sie zusätzlich zu ihrem rabbinischen Diplom einen weiteren akademischen Abschluß an einer anderen Hochschule erwarben. Der erste Rabbiner wurde 1893 am Seminar ordiniert.

Das »Jewish Theological Seminary« sah sich von Anfang an mit finanziellen Problemen konfrontiert. Als Morais 1897 starb, fand sich kein Nachfolger für sein Amt. Die Schule kämpfte um ihr Bestehen. 1901 hatte es den Anschein, daß das Seminar wegen Mangels an Geld, Studenten und Lehrern würde schließen müssen. Eine Gruppe engagierter Laien kam jedoch zu Hilfe. Dr. Cyrus Adler und der jüdische Philanthrop Jacob Schiff hatten es sich zum Ziel gesetzt, das JTS zu erhalten. Schiff und viele Gleichgesinnte aus der klassischen Reform-Bewegung erkannten deutlich, daß die osteuropäischen Immigranten sich in den Reform-Gemeinden mit ihren englischen Gebeten und der Orgelmusik nie Zuhause fühlen würden. Sie waren überzeugt, daß das amerikanisch-jüdische Leben für eine alternative Art von Synagogengottesdienst und eine andere Art von Rabbinern Platz habe. Adler und Schiff sammelten beträchtliche Mittel, um das Seminar zu retten. Außerdem baten sie Dr. Solomon Schechter aus Cambridge darum, nach Amerika zu kommen und die Schule zu leiten.

Akademischer Unterricht am Jewish Theological Seminary in New York. Unterschiedlichste Kurse und Seminare werden von zahlreichen Institutionen und Fakultäten am Seminar angeboten.

Schechter war 1847 in Rumänien zur Welt gekommen und hatte in Wien und Berlin studiert. Er lehrte Hebräisch und *Talmud* in Cambridge und an der Universität London. Seinen weltweiten Ruf erwarb er sich mit der Entdeckung der Kairoer Genisa, einem beträchtlichen Schatz an hebräischen Manuskripten, die in einer alten Synagoge vermauert gewesen waren. Schechter widmete dem Studium dieser Manuskripte viele Jahre, und seine sensible und gewissenhafte Methodik bei seinen wissenschaftlichen Untersuchungen waren sehr geschätzt. Schiff und Adler hätten die neue Leitung des Seminars kaum besser wählen können.

Während seiner Präsidentschaft am »Jewish Theological Seminary« hat Schechter nicht nur der Schule, sondern auch der jungen konservativen Bewegung seinen persönlichen Stempel aufgedrückt. Er gründete eine ausgezeichnete Fakultät von Gelehrten und Professoren, überwachte den Aufbau der Seminarbibliothek und errichtete eine Lehrerbildungsanstalt. Er sah es als seine Aufgabe, akademische Gelehrsamkeit auf der Grundlage historisch-kritischer Methodik und freimütiger Argumentation zu betreiben. So stand das Seminar für »die Bewahrung der Lehren und Bräuche des historischen Judentums in Amerika, wie sie in den Gesetzen des Moses enthalten sind und erläutert werden durch die Propheten und Weisen Israels in den Schriften von Bibel und *Talmud*«. Schechters Einfluß ging weit über das Seminar hinaus. Seine Ansichten formten den Rahmen für das konservative Judentum als Bewegung.

Das Jewish Theological Seminary ist die weltweit wichtigste Ausbildungsstätte für das konservative Judentum. Rabbiner, Lehrer, Kantoren werden ebenso ausgebildet wie Gemeindeführer, Judaisten und interessierte Laien.

Nach dem Tode Schechters 1915 ging die Präsidentschaft des Seminars auf Dr. Cyrus Adler über, der es bis zu seinem Tode im Jahr 1940 leitete. Der nächste Präsident war Dr. Louis Finkelstein, ein in Amerika geborener Absolvent des Seminars, der es weiter erfolgreich ausbaute. Während seiner langen Amtszeit sind sowohl das Seminar als auch die konservative Bewegung deutlich erstarkt. Ein Ableger, die »University of Judaism«, wurde in Los Angeles gegründet, eine weitere Dependance in Jerusalem. Außerdem richtete man das »Jüdische Museum« in New York ein. 1972 trat Rabbiner Finkelstein in den Ruhestand, und Rabbiner Gerson Cohen wurde sein Nachfolger. Heute gehören unter Ismar Schorsch als Kanzler etwa sechshundert Studenten und hundert Fakultätsmitglieder den verschiedenen Bereichen des Seminars an.

Die konservativen Rabbiner organisieren sich

Bereits im Jahr 1901 wurde eine Rabbinerorganisation zur Unterstützung der konservativen Bewegung gegründet, aber erst 1919 bekam sie ihren offiziellen Namen: »The Rabbinical Assembly of America«. Die Vereinigung verfolgte seit ihrer Gründung mehrere Ziele: das konservative Judentum zu fördern; das »Jewish Theological Seminary« zu unterstützen; ihren Mitgliedern, den konservativen Rabbinern, dabei zu helfen, ihre Rechte zu wahren und ihre Versorgung zu sichern, und die jüdische Gelehrsamkeit zu fördern. Heute hat die Organisation, die nun schlicht die »Rabbinical Assembly« genannt wird, rund tausend Mitglieder in verschiedenen Ländern.

Die konservative Bewegung wird geboren

Als die Zahl der Rabbiner wuchs und die der traditionell orientierten Synagogen anstieg, nahm auch das Bedürfnis nach einem Gemeindeverband zu. So wurde 1913 die »United Synagogue of America« unter der Leitung von Solomon Schechter, Cyrus Adler, Rabbiner Mordecai M. Kaplan und anderen Absolventen des JTS gegründet. In New York definierten die Gründer ihre Ziele: das Judentum in Amerika zu fördern und die jüdische Tradition in ihrer historischen Kontinuität zu bewahren; der *Thora* und ihrer historischen Auslegung die Treue zu halten; die Einhaltung des *Schabbat* und der Speisevorschriften zu fördern; im Gottesdienst die Hinweise auf Israels Vergangenheit zu erhalten und die Hoffnung auf seine Wiedergründung wachzuhalten; den traditionellen Charakter der Liturgie beizubehalten mit Hebräisch als der Sprache des Gebets; religiöse Observanz in Alltag und Heim zu fördern sowie die Errichtung jüdischer Schulen zu unterstützen.

Eine Gemeinde, in der keine Kopfbedeckungen benutzt wurden oder die das »Union Prayer Book« der Reform-Bewegung im Gottesdienst verwandte, konnte dem neuen Synagogenverband nicht beitreten. Kein Hinderungsgrund war dagegen Orgelbegleitung im Gottesdienst oder die Tatsache, daß Frauen und Männer zusammensaßen. Solomon Schechter wurde zum ersten Präsidenten der »United Synagogue« gewählt.

1999 gibt es in Nordamerika knapp achthundert konservative Synagogen mit ungefähr 1,2 Millionen Mitgliedern (zwanzig Jahre zuvor waren es noch achthundertdreißig Synagogen mit 1,5 Millionen Mitgliedern). Als auch Juden in Argentinien, Israel, England, Zentral- und Südamerika und in vielen anderen Ländern konservative Synagogen gründeten, wurde der Ruf nach einer weltweiten Organisation laut. Im Jahr 1959 erfolgte die Gründung des »World Council of Synagogues«, um die Entwicklung der konservativen Bewegung in der ganzen Welt zu unterstützen.

Die konservative Strömung hat seit ihrer Entstehung eine besondere Beziehung zum Staat Israel. 1926 trug die »United Synagogue« zur Gründung der »Yeshurun« Synagoge in Jerusalem bei. 1962 errichtete das Seminar sein Studienzentrum in Neve Schechter in Jerusalem und übernahm später das »Schocken Institut für Jüdische Forschung«. Heute müssen alle konservativen Rabbinerstudenten ein Jahr ihres Studiums in Israel verbringen. Es gibt im Land etwa vierzig konservative Synagogen, und mehr als einhundert konservative Rabbiner leben und arbeiten dort. Der »World Council of Synagogues« hat seit 1972 seinen Hauptsitz in Jerusalem.

Die Entwicklung des konservativen Judentums

Weshalb entwickelte sich die konservative Bewegung nach dem Zweiten Weltkrieg so stark? Ein wichtiger Faktor war der Zustrom der Juden aus den Zentren der Städte in die Vororte, wo sie quasi Kristallisationspunkte der neuen, konservativen Gemeinden wurden. In diesen Vororten gab es keine orthodoxen Gemeinden, die Reform-Bewegung hingegen empfanden viele als nicht traditionell genug. Ein weiterer Hintergrund war vielfach auch der soziale Aufstieg in die Mittelschicht, in der man orthodoxe Lebensformen dann als zu eng empfand, die traditionellen Bräuche jedoch beibehalten wollte, wie man sie von zu Hause kannte. Die konservative Bewegung erfüllte hier eine Mittlerfunktion. So wurden gerade in den Vorstädten der großen Metropolen Amerikas konservative Synagogen gegründet, die Absolventen des »Jewish Theological Seminary« als ihre Rabbiner einstellten.

Das konservative Judentum faßte gut Fuß in Amerika. Die gemäßigte Einstellung war pragmatisch und stand im Einklang mit der Stimmung der fünfziger Jahre in den Vereinigten Staaten, in denen pointierte oder kritische Positionen eher vermieden wurden. Es schien sinnvoll,

Studenten des Jewish Theological Seminary beim Morgengebet.

einer moderaten Bewegung anzugehören, die einen Ausgleich zwischen Orthodoxie und Reform-Bewegung suchte und in der man die Traditionen der einen Bewegung mit dem Liberalismus der anderen kombinierte.

Die konservative Bewegung entwickelt sich heute nicht mehr so rapide wie in der Vergangenheit. Die zunehmende Polarisierung zwischen der Orthodoxie und den progressiven Strömungen wirft besonders innerhalb der konservativen Richtung Fragen auf. Wird sich die konservative Bewegung letztlich den progressiven Bewegungen anschließen – oder nähert sie sich noch stärker der Orthodoxie an und verliert ihre bisherige Eigenständigkeit? Wird sie es schaffen, die *Halacha* lebendig auszulegen und gleichzeitig die Tradition zu pflegen?

Amy Eilberg wurde 1985 als erste Frau Rabbiner in der konservativen Bewegung.

Als das JTS 1985 Amy Eilberg als erste Frau zur Rabbinerin ordinierte, war dies der Auslöser einer Sezession in der »Rabbinical Assembly«. Die »Conservative Rabbis« spalteten sich ab und gründeten einen eigenen Verband, die »Union for Traditional Conservative Judaism«.

Heute ist das konservative Judentum längst zu einer vielgestaltigen, pluralistischen Bewegung geworden, in der wenigstens drei auseinanderstrebende Richtungen zu erkennen sind. Während ein Teil sich eng an die moderne Orthodoxie anlehnt, sind die Unterschiede zwischen dem linken Flügel und der modernen Reform-Bewegung kaum greifbar. Die konservative Mitte verliert dagegen massiv an Boden.

So vielfältig die konservative Bewegung auch geworden sein mag, gibt es doch gemeinsame Kennzeichen: Die *Halacha* ist für konservative Juden unverzichtbar, jedoch ist es eine *Halacha*, die dem Wandel der Zeiten und dem Wechsel der Erfordernisse Rechnung trägt. Als Grundpfeiler können gelten: die Beachtung des *Schabbat* und der jüdischen Fest- und Feiertage, das tägliche Gebet, die Einhaltung der Speisegebote, die Beschneidung, die Anerkennung der Gültigkeit der *talmudischen* Ehe- und Ehescheidungsgesetze, die Ermöglichung der Konversion zum Judentum nach den Regeln des rabbinischen Rechts, die Dominanz der hebräischen Sprache im Synagogengottesdienst und die Bedeutung des Studiums der *Thora*.

Das konservative Judentum: Lehre und Praxis

Es ist nicht einfach, den Glauben des konservativen Judentums zu beschreiben. Das konservative Judentum ist eine Bewegung, die aus verschiedenen Gruppen mit vielen unterschiedlichen Philosophien und Überzeugungen besteht. Der konservativen Strömung gehören Juden an, die nahezu orthodox leben, genauso wie solche, die praktisch schon zum Reform-Judentum gezählt werden könnten oder aber zwischen beidem stehen. Im Gegensatz zur Reform-Bewegung, die immer wieder Stellungnahmen über ihre Grundsätze und Prinzipien abgab, hat die konservative Bewegung kaum offizielle Erklärungen verlautbart. Das konservative Judentum war immer sehr praktisch orientiert und hat sich durch den Lauf des Faktischen definiert.

Weil sich viele Mitglieder aber eine deutlichere Profilbestimmung wünschten, wurde 1988 die Grundsatzerklärung *Emet Ve-Emunah*: »Statement of Principles of Conservative Judaism« verabschiedet. Das konservative Judentum ist der Meinung, daß die Tradition von entscheidender Bedeutung ist und deshalb an ihr festgehalten werden muß. Gleichzeitig besteht das Judentum nicht nur aus *Halacha*, Religion oder Glauben. Die konservative Bewegung sieht Judentum eher als eine religiöse Kultur, die sich im Laufe der Zeit geändert und entwickelt hat. Daher ist es wichtig, die historische Entwicklung der jüdischen Gesetze, Bräuche, Vorstellungen und Institutionen zu studieren, um sie so besser verstehen zu können. Konservative Juden glauben außerdem, daß dieser laufende Entwicklungsprozeß im Judentum nur evolutionär fortgeführt werden kann, also eher langsam. Der Schlüssel zum Verstehen der konservativen Bewegung liegt in den Begriffen von Tradition und Wandel.

Gott

Das konservative Judentum ist in vielen Auffassungen dem Reform-Judentum ähnlich. So haben seine Denker und führenden Persönlichkeiten zum Beispiel unterschiedliche Gottesvorstellungen gelehrt. Einige glauben an einen personalen, übernatürlichen Gott, der Gebete ganz konkret hört und sich der menschlichen Angelegenheiten sehr bewußt ist. Solomon Schechter schrieb, daß Gott nicht nur eine Vorstellung sei, sondern ein allgegenwärtiger Geist – im Tempel, im Gerichtshof, in der Familie, auf dem Bauernhof, auf dem Marktplatz und in den Augenblicken, in denen die Gebote Gottes gehalten werden. Rabbiner Ben Zion Bokser schrieb, daß Gott keine Person sei, sondern größer als jede Person; Gottes Gegenwart erfülle die Welt.

Abraham Joshua Heschel hat sich ebenfalls ausgiebig mit diesem Thema befaßt. Heschel war jedoch eher ein Mystiker. Er glaubte, daß man nicht versuchen sollte, die Existenz Gottes zu beweisen. Stattdessen könne man den Geist Gottes oder seine Gegenwart in der Ordnung des Universums spüren und in den Moralgesetzen, die den Menschen gegeben sind. Nach Ansicht Heschels fühlen wir ein tiefes »Staunen« in uns aufsteigen, wenn wir die Wunder der Natur und der Geschichte erfahren – ein Staunen, das wir nicht richtig ausdrücken oder in Worte fassen können. Und wir spüren die Gegenwart Gottes, wenn wir beten, *Thora* studieren und *Mitzwot* befolgen.

Andererseits gibt es zahlreiche konservative Denker, die die Vorstellung eines außerweltlichen oder personalen Gottes nicht akzeptieren. Rabbiner Mordecai M. Kaplan etwa beschrieb Gott als eine Kraft und einen Prozeß, der in den Menschen wie im Universum wirksam ist, um menschliche Erlösung und Erfüllung zu erreichen. Rabbiner Robert Gordis glaubt, daß Gott die schaffende Macht im Universum und die treibende Kraft des sozialen, politischen und wissenschaftlichen Fortschritts in der Welt sei. Gordis stellt die These auf, daß Gott sowohl in den Naturgesetzen als auch im Lauf der Geschichte gefunden werden kann: Wir können nicht wissen, wer oder was Gott wirklich ist; wir können nur die Wirkung Gottes in der Welt und in den Menschen spüren.

Die Thora

Die Orthodoxie gründet ihren Glauben auf der festen Überzeugung, daß Gott jedes Wort der *Thora* am Berg Sinai offenbart hat. Die Reform-Bewegung hält nur die Moralgesetze für derart unabänderlich gegeben. Das konservative Judentum versucht, einen Mittelweg zwischen beiden Positionen zu finden. Bis auf wenige Ausnahmen akzeptieren fast alle konservativen Denker die Vorstellung, daß das Volk Israel die *Thora* von Gott bekommen hat. Einige glauben, daß diese Offenbarung ein einmaliger Akt in der Geschichte gewesen ist, während andere die Offenbarung als einen andauernden Prozeß betrachten, in dem jede Generation mehr und mehr über das Wort Gottes herausfindet.

Doch was bedeutet Offenbarung? Die meisten Konservativen glauben nicht, daß Gott Moses und Israel wirklich jedes einzelne Wort der *Thora* übermittelt hat. Im Rahmen der wissenschaftlichen Betrachtung der Bibelstudien wurden ja viele Belege dafür gefunden, daß der Bibeltext aus verschiedenen Quellen stammt und daß Moses nicht der einzige Autor gewesen sein kann. Die Mehrheit der konservativen Juden glaubt also nicht, daß die gesamte Bibel das unveränderliche Wort Gottes ist. Sie glaubt aber sehr wohl, daß

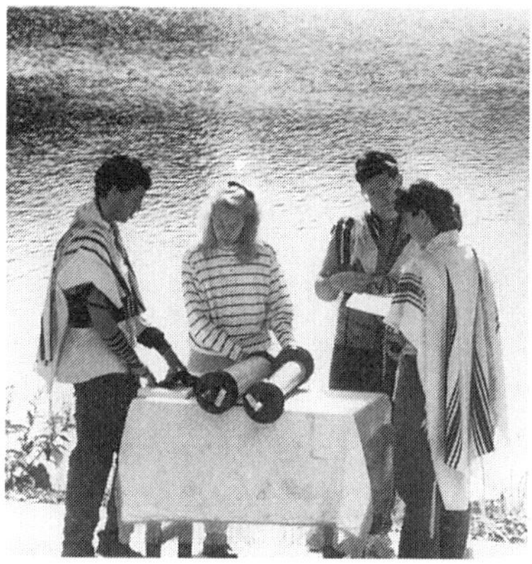

Wochentagsgottesdienst im Sommercamp Ramah, Massachusetts, USA. Die Männer tragen die traditionellen Gebetsriemen.

mündliche und schriftliche *Thora* im Kern göttlich inspiriert sind. Ohne diese Vorstellung hätte der Glaube keine Basis.

Im Gegensatz zu orthodoxen Positionen glauben konservative Denker außerdem, daß die Offenbarung ein wechselseitiger Prozeß ist, ein Dialog zwischen Gott und dem Menschen. Der Kern göttlicher Wahrheit kann nicht geleugnet werden. Doch die Art, in der wir über diese Wahrheit in Bibel und *Talmud* nachdenken, ist zutiefst menschlich und birgt deshalb Irrtümer und Gedanken, die an ihre Zeit gebunden sind. Auf dieser Ebene sind demzufolge sehr wohl Änderungen möglich. Konservative Juden glauben daher, daß die Bibel und die jüdischen Religionsgesetze unsere Antwort auf Gottes Willen sind, sich uns bekanntzumachen; die *Mitzwa* ist eine menschliche Interpretation und Anwendung göttlicher Prinzipien.

Halacha

Die konservative Bewegung akzeptiert die *Halacha* und hat eine positive Haltung zum jüdischen Religionsgesetz. Aber die neue Interpretation dieser Gesetze wird uns überlassen. Konservative Juden billigen ohne weiteres solch grundlegende und wesentliche Prinzipien wie die Befolgung des *Schabbat* oder der Feiertage, die *Kaschrut*-Regeln, die jüdische Eheschließung und Ehescheidung, die Notwendigkeit einer guten jüdischen Ausbildung, das Studium der hebräischen Sprache und die ethischen Glaubenslehren. Sie sind sich zugleich aber auch der Notwendigkeit bewußt, einige jüdische Regeln anzupassen. Das konservative Judentum hält es zum Beispiel für sehr wichtig, daß ein Jude die Synagoge besucht. Wenn ein Jude zu weit von der Synagoge entfernt wohnt, um zu Fuß zu ihr zu gehen, darf er deshalb fahren. Die konservative Bewegung erlaubt es den Juden, Milchprodukte zu essen – selbst in einem nicht-

Jüdisches Lernen heißt vor allem, gemeinsam zu diskutieren und verschiedene Facetten einer Sache zu beleuchten, wie hier beim Talmudstudium im Jewish Theological Seminary.

koscheren Restaurant. Außerdem haben konservative Rabbiner in den Eheschließungs- und Ehescheidungsgesetzen einige wichtige Änderungen durchgeführt. So fanden sie zum Beispiel eine Lösung für das Problem jener Frauen, deren Ehemann nicht in eine Scheidung einwilligen will oder kann (*Aguna*). In einem solchen Fall löst ein *Bet Din*, ein Rabbinatsgericht, diese Ehe.

Am Jewish Theological Seminary lernen Männer und Frauen gemeinsam den Talmud.

Die Frage, wem das Recht zukommt, Gesetze zu ändern und auf welcher Grundlage, ist dennoch schwer zu beantworten. Solomon Schechter war der Ansicht, daß das Religionsgesetz deshalb so wichtig für das Judentum ist, weil keine Bewegung überleben kann, die sich nur auf hehre Gedanken stützt. Aber er glaubte, daß die lebendige Gemeinschaft aller Juden – einschließlich der Propheten, Psalmisten, Weisen und Rabbinen – über die Generationen hinweg das letzte Wort haben würde, was am jüdischen Gesetz geändert werden solle und was nicht.

Der große *Talmud*-Gelehrte Professor Louis Ginzberg lehrte, daß man die historische Entwicklung jedes Gesetzes studieren müsse. Er wies darauf hin, daß das jüdische Gesetz nie eine tote Materie oder Konstante war; es entwickelte und änderte sich und hielt mit der neuen sozialen und wirtschaftlichen Situation Schritt. Ginzberg schrieb, daß »Gesetz Religion ist und Religion Gesetz«, und daß das jüdische Gesetz für das Judentum und das Jüdische Volk von entscheidender Bedeutung sei. Aber er wollte zugleich sicherstellen, daß die Veränderung des Religionsgesetzes nicht in den Händen jener liegt, die unwissend sind. Seine Einstellung zum jüdischen Gesetz hatte großen Einfluß auf die führenden Gelehrten des konservativen Judentums, auf Personen wie zum Beispiel Louis Finkelstein und Boaz Cohen. Robert Gordis, auf dessen Gottesvorstellungen bereits eingegangen wurde, war ebenfalls ein Schüler von Ginzberg. Seinen Worten zufolge ist »Wachstum das Gesetz des Lebens und das Gesetz ist das Leben des Judentums«. Gordis glaubt an Offenbarung als einen kontinuierlichen Prozeß und bietet uns dafür ein Bild an: die heutige *Thora* geht auf Moses zurück, wie ein Eichenbaum aus einer Eichel hervorgeht. Auf diese Weise ermöglichen jene Regeln, die vor unserer Zeit entstanden sind, daß wir Regeln für unsere eigene Zeit festlegen. Gordis glaubt aus vier Gründen an die Notwendigkeit der *Halacha*:

1. Sie verbindet den Menschen mit dem Universum, in dem er lebt.
2. Sie lehrt ihn ethische und soziale Werte.
3. Sie macht unser Leben schöner und reicher.
4. Sie verbindet jeden Juden mit dem Jüdischen Volk und der Gemeinschaft.

Im allgemeinen hält die konservative Bewegung *Halacha* und *Mitzwot* für wichtig. Einige konservative Denker meinen, daß wir mutiger sein und bestimmte Regeln ändern sollten; andere kritisieren das zu schnelle Vorgehen der konservativen Bewegung. Aber alle glauben daran, daß das jüdische Gesetz, damit es weiter bestehen kann, modernisiert und aktualisiert werden muß. Innerhalb der konservativen Bewegung ist es die Aufgabe des »Law Committee« der »Rabbinical Assembly«, diese Änderungen durchzuführen.

Das Jüdische Volk

Für die konservative Bewegung steht der Begriff des Jüdischen Volkes im Mittelpunkt. Sie ist der Überzeugung, daß die *Thora*, die *Mitzwot* und die jüdischen Werte das Jüdische Volk lebendig erhalten. Während das Hauptinteresse der Orthodoxie auf der *Halacha* liegt und die Reform-Bewegung Gott und seine Moralgesetze betont, basiert das Gedankengerüst des konservativen Judentums auf dem Jüdischen Volk.

Viele konservative Denker – von Solomon Schechter bis Mordecai M. Kaplan, von Dr. Cyrus Adler bis Rabbiner Louis Finkelstein – haben die Bedeutung von *K'lal Jisraël* hervorgehoben, der weltweiten jüdischen Gemeinschaft, und der Verantwortung, die Juden tragen, einander zu helfen. So richtet sich die konservative Bewegung mit ihrem Anliegen an alle Juden in der Welt, unabhängig von ihrer persönlichen Überzeugung.

Die konservative Bewegung mißt auch dem Begriff des auserwählten Volkes eine beträchtliche Bedeutung bei. Konservative Juden glauben, daß Israel mit einem ganz bestimmten Ziel von Gott erwählt wurde: um die Lehren der *Thora* unter allen Nationen der Welt zu verbreiten. Auserwählt-Sein ist jedoch nicht so sehr ein Vorrecht als vielmehr eine Verpflichtung. Wird doch von Juden erwartet, daß sie einem höheren Anspruch an ethische Ausrichtung und moralischen Lebenswandel gerecht werden. Abraham Joshua Heschel drückte das so aus: »Israel ist ein heiliges Volk, dessen Aufgabe es ist zu beweisen, daß man mehr sein muß als ein Volk, wenn man ein Volk sein will.«

Das Land Israel

Die konservative Bewegung hat den Wiederaufbau des Staates Israel seit jeher maßgeblich unterstützt. Isaac Leeser sammelte Geld für landwirtschaftliche Ansiedlungen in Israel, und konservative Rabbiner und Laien waren unter den Gründern der »Zionistischen Bewegung in Amerika«. Rabbiner Marcus Jastrow z.B. war Vizepräsident der »Federation of American Zionists« und Henrietta Szold gründete »Hadassah«, die Zionistische Frauenorganisation. Solomon Schechter war ebenfalls glühender Zionist, obwohl er gegen jede Form des Zionismus kämpfte, die nur säkular und politisch sein wollte. Er war der Überzeugung, daß der Zionismus nicht nur ein jüdisches Heimatland wiederaufbauen, sondern auch die jüdische Religion und ihre geistigen Werte wiederbeleben muß. Schechter sah in Israel ein geistiges Zentrum für das Judentum in aller Welt. Er war aktiv in der zionistischen Organisation Amerikas und nahm als Delegierter an zahlreichen zionistischen Versammlungen und Tagungen teil.

Die Anhänger und Studenten Schechters übernahmen diese Begeisterung für Zion und das dahinterstehende religiöse Ideal einer Neugründung Israels. Schon 1928 forderte die »Rabbinical Assembly« auf ihrer Jahresversammlung öffentlich dazu auf, die Kolonisten in Palästina zu unterstützen und die zionistische Bewegung zu fördern. Konservative Rabbiner und Laien kämpften seit der Staatsgründung 1948 für eine dauerhafte Unterstützung der neuen Nation. Viele konservative Denker haben Juden dazu aufgerufen, eine dauerhafte Ansiedlung in Israel in Betracht zu ziehen. Natürlich behaupten sie nicht, wie es manche Zionisten tun, daß das jüdische Leben außerhalb Israels unmöglich sei. Sie glauben aber, daß ein erfülltes spirituell-jüdisches Leben nur in *Eretz Jisraël* geführt werden kann. Dies ist zweifellos ein Grund, weshalb so viele konservative Rabbiner, Religionslehrer und Laien nach Israel zogen und sich dort niederließen.

Im Zusammenhang mit Israel hat die konservative Bewegung in den letzten Jahren eine wichtige Frage beschäftigt. Bisher war es konservativen – wie allen nicht-orthodoxen – Rabbinern nicht erlaubt, im Staat Israel gültige Amtshandlungen vorzunehmen. Die orthodoxe Strömung im Judentum hat zur Zeit das absolute Machtmonopol über das religiöse Leben in Israel inne. Deshalb dürfen konservative, rekonstruktionistische und Reform-Rabbiner zum Beispiel keine Trauungen oder Übertritte zum Judentum vollziehen. Diese Frage ist gerade heiß umstritten und es wird sicher einige Zeit dauern, bis eine für alle Seiten akzeptable Lösung herbeigeführt werden kann. Erfreulich dabei ist der enge Schulterschluß zwischen der konservativen und der Reform-Bewegung, um gemeinsam eine Veränderung der Sachlage zu erreichen.

Die jüdische Gemeinschaft

Die Zusammenarbeit mit Juden aller Überzeugungen war der konservativen Bewegung immer wichtig. Solomon Schechter hat die Bedeutung von *K'lal Jisraël* betont und versucht, mit der Führung der klassischen Reform-Bewegung seiner Zeit zu kooperieren, auch wenn er ihre Einstellungen nicht teilen konnte. Seitdem gibt es eine Tradition in der konservativen Bewegung, sich mit anderen jüdischen Bewegungen und Gruppierungen auseinanderzusetzen.

Im Laufe der Zeit hat die konservative Bewegung wiederholt für eine stärkere, geeintere jüdische Gemeinschaft gekämpft. Konservative Führer setzten sich für die Unterstützung Israels und des Judentums in der damaligen Sowjetunion und für die finanziellen und pädagogischen Bedürfnisse aller Juden in der Welt ein. Rabbiner Mordecai M. Kaplan vermittelte seinen Studenten am »Jewish Theological Seminary« die Notwendigkeit, eine starke jüdische Gemeinde zu errichten; und seine Studenten haben dies sehr wohl verstanden.

Mit sozialen Angelegenheiten hat sich die konservative Bewegung jedoch weniger beschäftigt als der Reform-Flügel des Judentums. Freilich gab es auch hier Ausnahmen. Die ersten konservativen Rabbiner wie Jastrow, Szold und Morais predigten von der Kanzel herab sogar über die Notwendigkeit, streikende Textilarbeiter gerechter zu behandeln. Sie riefen außerdem ihre Gemeindemitglieder dazu auf, die Neuimmigranten bei der Integration in die amerikanische Gesellschaft zu unterstützen. 1934 veröffentlichte die »Rabbinical Assembly« eine offizielle Erklärung, in der sie ihren Mitgliedern ins Gedächtnis rief, daß die wichtigste Lehre der jüdischen Tradition die Botschaft sozialer Gerechtigkeit sei.

Manche konservative Rabbiner marschierten mit den Afroamerikanern in der Bürgerrechtsbewegung, aber auch für andere Themen sozialer Gerechtigkeit engagierte man sich: für nukleare Abrüstung, gegen Atomwaffentests, für liberale Einwanderungsgesetze und für das Recht auf Abtreibung. Die konservative Bewegung hat stets für eine Trennung von Religion und Staat gekämpft und die staatliche Unterstützung der jüdischen Tagesschulen oder anderer Schulen in religiöser Trägerschaft aus grundsätzlichen Erwägungen abgelehnt.

Interreligiöse Aktivitäten

Konservative Juden stehen auch interreligiösen Aktivitäten von jeher sehr offen gegenüber. Die Bewegung hält den Dialog und die Auseinandersetzung zwischen verschiedenen religiösen Gruppierungen für unerläßlich, damit tieferes gegenseitiges Verständnis möglich ist und gemeinsam auf eine bessere Welt hingearbeitet werden kann. Rabbiner Finkelstein hat sich darum bemüht, christliche, moslemische und fernöstliche religiöse Führer zusammenzubringen, um Vorurteile auszuräumen und gemeinsame Brücken zu schlagen. Robert Gordis forderte zu interreligiösem Dialog und zur Begegnung auf – allerdings unter der Bedingung, daß die hebräische Bibel von den Christen respektiert, den Juden nicht mehr die Schuld am Tod Jesu gegeben würde und man Juden nicht mehr zum Christentum bekehren wolle. Rabbiner Abraham Joshua Heschel arbeitete eng mit Kardinal Bea zusammen, um den Vatikan bei der Erarbeitung neuer Positionen gegenüber dem Jüdischen Volk zu unterstützen.

Doch auch hier gibt es unter konservativen Persönlichkeiten unterschiedliche Meinungen und Vorgehensweisen. Viele sind der Ansicht, daß aufrichtige und offene Diskussionen vor allem unter Philosophen und Gelehrten erforderlich sind, um Vorurteile endgültig zu beseitigen; andere wenige hingegen halten solche Diskussionen für Zeitverschwendung. Doch die meisten sind sich über die Notwendigkeit eines solchen Dialogs genauso einig wie darüber, daß ein solcher Dialog geeignete Gelehrte, Rabbiner und Theologen erfordere.

Religiöse Praxis

Offiziell verlangt das konservative Judentum von seinen Mitgliedern, daß sie die *Mitzwot* einhalten und ihr Leben im Einklang mit der *Halacha* gestalten. In der Realität werden nur wenige konservative Laien diesem Idealbild gerecht, und die Kluft zwischen Theorie und Praxis ist in der konservativen Bewegung von allen jüdischen Strömungen am deutlichsten. Dennoch bedeutet »konservativ« den Glauben an ein sich entwickelndes, dynamisches jüdisches Gesetz, an das sich Juden in ihrer Lebensgestaltung halten müssen, wenn das Judentum gedeihen soll.

Von einem konservativen Juden wird verlangt, daß er am *Schabbat* nicht arbeitet, fährt, schreibt oder raucht. (Wenn ein Jude jedoch zu weit weg wohnt, darf er am *Schabbat* und an den Feiertagen zur Synagoge und zurückfahren.) Es ist konservativen Juden am *Schabbat* und an Feiertagen erlaubt, Elektrizität zu benutzen: Das »Law Committee« der »Rabbinical Assembly« hat entschieden, daß Elektrizität nicht mit Feuer gleichzusetzen sei, dessen Zünden verboten wäre. Das »Law Committee« empfahl auch, den zweiten Feiertag von *Pessach*, *Schawuot* und *Sukkot* nicht mehr als verpflichtend zu betrachten, so daß der Kalender dem in Israel geltenden entsprechen würde. Doch nur wenige Synagogen haben die Observanz des zweiten Tages aufgegeben.

Das konservative Judentum ist auch auf anderen Gebieten der *Halacha* flexibel. Ein konservativer Jude muß die *Kaschrut*-Regeln befolgen, darf aber in einem nicht-*koscheren* Restaurant Milchprodukte essen. Auch muß er einen jüdischen Partner heiraten, und kein konservativer Rabbiner wird eine Mischehe segnen, wenn der nichtjüdische Partner nicht vorher zum Judentum übertritt. Doch die konservative Bewegung war eher als die orthodoxe dazu bereit, solche Übertritte zu akzeptieren. Wenn eine Ehe geschieden wird, braucht ein konservativer Jude einen jüdischen Scheidebrief, um wieder heiraten zu können.

Männliche Kinder werden rituell beschnitten und bekommen hebräische Namen. Weibliche Kinder erhalten ihre Namen in der Synagoge im Rahmen einer eigenen Zeremonie. Konservative Juden legen Wert auf eine solide jüdische Bildung für ihre Kinder, zum Beispiel an den »Solomon-Schechter-Tagesschulen«. Fast alle konservativen Jungen und Mädchen vollziehen *Bar-Mitzwa-* und *Bat-Mitzwa-*Zeremonien. Viele junge Leute setzen ihre Schullaufbahn an jüdischen Oberschulen fort. Die Regeln im Todes- und Trauerfall sind recht traditionell, obwohl die meisten konservativen Juden als Zeichen der Trauer ein Band anstatt ihrer Kleidung zerreißen. Nur wenige konservative Rabbiner bestehen darauf, daß der Verstorbene ausschließlich in ein Leichentuch eingehüllt wird. Die Trauerzeit dauert traditionell sieben Tage, und ein konservativer Jude soll für seine nächsten Verwandten täglich das *Kaddisch* sprechen.

Die Solomon-Schechter-Tagesschulen sind ein Eckpfeiler jüdischen Lernens in der konservativen Bewegung Amerikas.

Die meisten konservativen jüdischen Männer tragen nicht immer eine Kopfbedeckung. Sie setzen sie vor allem auf, während sie beten oder die *Thora* studieren. Entsprechend bedecken auch die Frauen ihr Haar nicht mit Perücken oder Kopftüchern, wie man es von den Orthodoxen kennt. Konservative Juden sollen täglich beten unter Verwendung eines *Tallit* und mit dem Legen der Gebetsriemen, der *Tefillin*. Sie sprechen vor und nach jeder Mahlzeit die entsprechenden Gebete und *Berachot*. Von einer konservativen Jüdin wird gefordert, daß sie einen *koscheren* Haushalt führt und am *Schabbat* und Feiertagen Kerzen anzündet. Aber sie geht normalerweise nicht zur *Mikwe*. Dies ist nur für einen Übertritt erforderlich.

Gottesdienst und Gebete im konservativen Judentum sind von Gemeinde zu Gemeinde unterschiedlich. So haben manche Synagogen zum Beispiel eine Orgel und einen gemischten Chor mit Männern und Frauen, andere Gemeinden lehnen dies ab. Die meisten halten Gottesdienste am zweiten, optionalen Feiertag ab, während einige das nicht machen. Alle sprechen während des Gottesdienstes einige Gebete in der

Morgengottesdienst (Schacharit) mit Gebetsschal (Tallit) und Gebetsriemen (Tefillin).

Landessprache, halten eine Predigt oder führen eine *Thora*-Diskussion in der Landessprache. Zudem variiert es, wie lang der Wochenabschnitt ist, der aus der *Thora*-Rolle gelesen wird. Beim *Thora*-Aufruf wird zwischen *Kohen*, *Levi* (Priesterkaste) und *Israel* (Volk) unterschieden. Fast alle konservativen Synagogen lassen Frauen und Männer während der Gottesdienste zusammensitzen. In vielen Gemeinden findet der Hauptgottesdienst am späten Freitagabend statt. Während dieses Gottesdienstes wird normalerweise mehr Wert auf Benutzung der Landessprache gelegt, als während des Gottesdienstes am *Schabbat*-Morgen.

Wie in der Reform-Bewegung war man mit einigen traditionellen Gebeten unzufrieden. Darum hat sich die »Rabbinical Assembly« darum bemüht, moderne Texte einzuführen und das Gebetbuch zu überarbeiten und zu revidieren. Seit 1985 wird *Siddur* »Sim Schalom« benutzt, dessen überarbeitete Ausgabe 1998 erschien.

Fast alle konservativen Synagogen sind Gemeindezentren, in denen sich jüdische Schulen und Oberschulen, Jugendklubs, Einrichtungen der Erwachsenenbildung und viele andere Möglichkeiten für Aktivitäten befinden.

In konservativen Synagogen werden Frauen zur *Thora* aufgerufen und zum *Minjan* – ein Quorum von zehn Juden, die für den regulären Gemeindegottesdienst benötigt werden – gezählt. Die »Rabbinical Assembly« und das »Jewish Theological Seminary« haben sich geöffnet: sie geben Frauen die Möglichkeit zu studieren und Rabbiner zu werden. Die erste Frau im konservativen Judentum wurde 1985 zur Rabbinerin ordiniert. Damit ordinieren nun alle nicht-orthodoxen Richtungen im Judentum Frauen ins Rabbineramt. Die erste Frau in diesem Amt in Deutschland ist Bea Wyler, die als Absolventin des JTS das Rabbinat in der Jüdischen Gemeinde Oldenburg versieht.

Von konservativen Juden wird erwartet, daß sie ein ethisch-moralisch hochstehendes Leben führen, wohltätige Zwecke unterstützen, bedürftigen Freunden und Nachbarn helfen und sich jedermann gegenüber ehrlich, gütig, moralisch und anständig verhalten. Theoretisch müßten konservative Juden den Ansprüchen des jüdischen Religionsgesetzes und der *Thora* gerecht werden. Allerdings sind für konservative Juden die ethischen Gesetze und Bräuche des Judentums

Auch konservative Frauen können Gebetsriemen (Tefillin) beim Morgengebet tragen.

von größerer Bedeutung als die rituellen Gesetze, denn nach Ansicht der konservativen Bewegung ist es das Ziel des Judentums, gute und würdige Menschen heranzubilden. Deshalb ist der Unterschied zwischen moderner Reform-Bewegung und konservativem Judentum in der Praxis recht gering. In Europa überschneiden sich Theorie und Praxis des liberalen Judentums wesentlich mit den Prinzipien des konservativen Judentums.

Der Rekonstruktionismus – die jüdische Erneuerungsbewegung

Eine Philosophie wird zur Bewegung

Die jüngste religiöse Strömung im Judentum ist der Rekonstruktionismus – er wurde 1922 gegründet. Im Gegensatz zu den anderen Ausprägungen, die in Europa entstanden sind und dann nach Amerika gebracht wurden, ist er in jeder Hinsicht eine amerikanische Bewegung. Seine Vordenker sind ohne Ausnahme Amerikaner, und die meisten ihrer Überzeugungen erwachsen aus der amerikanischen Philosophie und Gedankenwelt.

Natürlich gehen einige der wichtigen Lehren des Rekonstruktionismus auf europäische Philosophen und Sozialwissenschaftler zurück. So hat er zum Beispiel von dem russisch-jüdischen Historiker Simon Dubnow die Überzeugung übernommen, daß die jüdischen Gemeinden als unabhängige, schaffende Einheiten in jedem Land der Welt leben und dort ihre jeweils eigene Kultur und Zivilisation entwickeln müssen. Darüber hinaus wurde der Rekonstruktionismus von dem russisch-jüdischen Philosophen Ahad Ha'am beeinflußt, der schrieb, daß Israel zum kulturellen und spirituellen Zentrum des Judentums werden solle, das die jüdischen Gemeinden in der ganzen Welt verbindet. Außerdem wirkten Gedanken von französischen und britischen Denkern prägend auf den Rekonstruktionismus. So stammen einige rekonstruktionistische Vorstellungen über Gott ursprünglich von englischen Philosophen, und der Gedanke des französischen Soziologen Emile Durkheim, daß Rituale ein Volk verbinden und Religion im Grunde eine soziale oder gemeinsame Erfahrung sei, spielt im Rekonstruktionismus eine nicht unwichtige Rolle.

Obwohl diese Gedanken aus europäischen Quellen stammen, ist die rekonstruktionistische Bewegung eine durch und durch amerikanische. Sie beruht auf dem Werk eines Mannes, der ihre Philosophie in Amerika begründet, weiterentwickelt und verbreitet hat, Rabbiner Mordecai M. Kaplan. Mordecai Kaplan (von dem bereits im Zusammenhang mit der konservativen Bewegung die Rede war) hat mehr als siebzig Jahre seines Lebens »der Förderung des Judentums als religiöser Zivilisation, dem Wiederaufbau von *Eretz Jisraël* und der Unterstützung universeller Freiheit, Gerechtigkeit und Frieden« gewidmet. Die Biographie von Mordecai Kaplan ist in gewisser Weise die Entwicklungsgeschichte der rekonstruktionistischen Bewegung.

Kaplan wurde 1881 in der Nähe von Wilna in Polen geboren. Mordecais Vater, orthodoxer Rabbiner, verließ Polen 1889, um in New York eine Stellung als Assistent des neu gewählten Oberrabbiners von New York anzunehmen.

Auf dem Weg in die Vereinigten Staaten hatte Mordecai grundlegende Erlebnisse im Zusammenhang mit der Wahrung des *Schabbat*, die ihn spüren ließen, wie schwer es ist, als orthodoxer Jude in einer vornehmlich nichtjüdisch geprägten Welt zu leben. Wenn er in seinem Werk später erklärte, was es bedeutet, in zwei Welten – einer jüdischen und einer nicht-jüdischen Welt – zu leben, nahm er stets auf diese Erlebnisse Bezug.

Rabbiner Mordecai M. Kaplan (1881 – 1983) an seinem 100. Geburtstag 1981.

Mordecais Vater sorgte dafür, daß sein Kind eine gute Ausbildung in *Thora* sowie eine staatliche Schulbildung erhielt. Mordecai lernte fleißig und hörte den berühmten Besuchern gut zu, die bei der Familie Kaplan ein- und ausgingen. Der berühmte Bibelgelehrte und Kritiker Arnold B. Ehrlich las dem Jungen aus seinem neuen Bibelkommentar vor und weckte in Mordecai Zweifel daran, ob Moses wirklich der Autor der *Thora* sei, wie man es ihn gelehrt hatte. Auch später blieb er stets ein Fragender.

Kaplan studierte am »Jewish Theological Seminary«, am »City College« New York und an der »Columbia University«. 1902 wurde er zum Rabbiner ordiniert. Seine erste Stelle erhielt er an einer herausragenden orthodoxen Synagoge in New York. Während seiner Flitterwochen in Europa erhielt er 1908 zum zweiten Mal *Semicha*, die Rabbinerordination – diesmal von einem berühmten orthodoxen Rabbiner.

Sein Weg führte jedoch weg von der Orthodoxie. Er hatte sich eng mit Solomon Schechter befreundet. Und so verließ er 1909 sein Amt als orthodoxer Gemeinderabbiner, um Dekan an der neuen Lehrerbildungsanstalt des »Jewish Theological Seminary« zu werden. Dort bildete Kaplan Hunderte von Lehrern aus und prägte am Rabbinerseminar drei Generationen von Rabbinern. Währenddessen setzte er seine Studien der jüdischen Geistesgeschichte und Philosophie, Psychologie und Soziologie fort. Obwohl er die *Mitzwot* weiter wie ein orthodoxer Jude befolgte, lösten sich seine Überzeugungen mehr und mehr von der Orthodoxie.

1908 war er der Mitgründer der »Kehillah of New York« gewesen, in der alle jüdischen Organisationen in New York City vereinigt sein sollten. Über das »Board of Education« der »Kehillah« versuchte Kaplan über Jahre hinweg, die jüdische Bildung zu verbessern.

Kaplan war außerdem aktiver Zionist. Und obwohl das merkwürdig klingen mag, gründete er 1912 mit anderen das orthodox ausgerichtete »Young Israel Movement« und versuchte, die jüdische Jugend wieder für das Gemeindeleben zu interessieren. Da er jedoch weiterhin an der orthodoxen Vorstellung von Gott, Offenbarung und *Thora* zweifelte, trennte sich sein Weg bald vom »Young Israel Movement«. Allerdings hielt sich Kaplan selbst weiterhin für orthodox. 1915 wurde er Rabbiner am orthodoxen »Jewish Center« in Manhattan, wo jedoch seine Schriften und Predigten auf Unverständnis stießen. Daraufhin kündigte er 1921.

Im darauffolgenden Jahr baute er seine eigene Gemeinde in New York auf, die »Society for the Advancement of Judaism«. Diese Gemeinde wurde zu Kaplans »Versuchslabor«, um seine Ideen zur Erneuerung des Judentums und der jüdischen Werte weiterzuentwickeln. So war mit der Gründung dieser Gemeinde im Jahre 1922 der Rekonstruktionismus als jüdische Erneuerungsbewegung geboren.

Kaplan versammelte um sich ehemalige Studenten und Rabbiner, die seine Auffassung über das Judentum teilten. Zum Sprachrohr der neuen Gruppe wurde das Gemeindeblatt »The Reconstructionist Magazine«, das 1935 zum ersten Mal erschien. Doch viele seiner Kollegen am »Jewish Theological Seminary« standen Kaplans Vorstellungen distanziert gegenüber. So kündigte dieser schließlich auch hier, zog seine Demission jedoch auf Bitten seiner Freunde wieder zurück, obwohl Stephen S. Wise ihm eine Professur am »Jewish Institute of Religion« angeboten hatte.

Wise versuchte noch mehrfach, ihn zu gewinnen, aber Kaplan wollte seine Schule nicht verlassen. Außerdem war es nicht seine Absicht, eine neue Bewegung zu gründen, die das Judentum vielleicht noch einschneidender teilen würde. Noch immer hoffte er, daß man den Rekonstruktionismus als eine jüdische Lebensweise und als eine Philosophie betrachten würde, die von orthodoxen, konservativen und liberalen Juden zugleich angenommen werden könnte.

Aber dies schien nicht zu geschehen, auf jeden Fall nicht schnell genug für Kaplans Anhänger. Sie forderten ihn 1928 dazu auf, eine eigenständige Gruppe innerhalb der konservativen Bewegung zu bilden. In der Hoffnung, daß seine Erneuerungsbewegung wenigstens innerhalb einer Strömung des Judentums Anklang finden würde, stimmte er zu. Die neue Gruppierung formte einen »Reconstructionist Council« und versuchte, die konservative »Rabbinical Assembly« mit den Ideen Kaplans zu unterwandern. Kaplan selbst war immer bemüht, seine radikalen Anhänger in Zaum zu halten, denn es schmerzte ihn, das Judentum weiter aufsplittern zu sehen. Ihm lag daran, seine Überzeugungen ohne offizielles Dogma zu verbreiten, und es gelang ihm auch, Anhänger unter den konservativen und liberalen Rabbinern und Laien zu finden, genauso wie im zionistischen und im nichtreligiösen Lager.

Der große Umschwung kam 1934 mit seinem Buch »Judaism as a Civilization«. Das Buch schlug ein wie eine Bombe. Es bot ein in sich abgeschlossenes Programm für die Erneuerung der jüdischen Theologie, Philosophie, der Bräuche und des Gemeindelebens – und es wurde zur »Bibel« des Rekonstruktionismus. Kaplan stellte seine Thesen wie eine kopernikanische Wende in der jüdischen Gedankenwelt dar. Wie Kopernikus die Astronomie mit dem Satz erneuert hatte, daß die Sonne das Zentrum des Universums sei und nicht die Erde, so behauptete Kaplan, daß das Jüdische Volk – und nicht Gott – als das Zentrum des jüdischen Lebens betrachtet werden müsse. Deshalb müsse alles getan werden, dieses Volk zu bewahren, auch wenn dies bedeute, alte Gedanken und Wertvorstellungen abzustreifen und neue hervorzubringen.

1941 gaben Kaplan, Eugene Kohn und Ira Eisenstein »The New Haggadah« heraus, eine rekonstruktionistische Fassung für den *Pessach Seder*, das erste einer Reihe von rekonstruktionistischen Gebetbüchern. Doch als er 1945 mit Kohn, Eisenstein und Milton Steinberg ein neues »Sabbath Prayer Book« herausbrachte, brach ein wahrer Aufruhr los. Einige ultra-orthodoxe Rabbiner

Rabbiner Ira Eisenstein (geb. 1906) bei der Einweihung der neuen Bauten des Rabbinerseminars in Wyncote, 1982.

verbrannten gar das neue Gebetbuch und schlossen Kaplan als Häretiker und Ungläubigen aus dem Judentum aus; auch Freunde am JTS wandten sich gegen Kaplan.

Dieser überstand die scharfen Angriffe, aber er fühlte sich von vielen jüdischen Gruppen verlassen, zu denen er einmal gehört hatte. Bis 1963 lehrte er noch am Rabbinerseminar des »Jewish Theological Seminary«. Danach machte er *Alija* und lebte in Jerusalem. Dort schrieb und lehrte er, bis er 1983 verstarb.

Jüdische Erneuerung als vierte Strömung des Judentums

Der Rekonstruktionismus blieb lange Zeit eng mit dem konservativen Judentum verbunden. 1935 wurden jedoch im ganzen Land Clubs gegründet, ein Verlag für die Verbreitung von Büchern und Flugschriften entstand, das »Reconstructionist Magazine« wurde ins Leben gerufen.

1940 gründete Kaplan die »Reconstructionist Foundation«, deren Mitgliedschaft konservativen und Reform-Rabbinern offenstand, sowie den Laien der verschiedenen jüdischen Gruppierungen. Kaplan hoffte, Anhänger zu gewinnen und die Lehren des Rekonstruktionismus verbreiten zu können, ohne eine neue Spaltung im amerikanisch-jüdischen Leben auszulösen. Im Jahre 1950 wurde eine rabbinische Vereinigung gegründet, der mehrere hundert Rabbiner und Lehrer beitraten. Großenteils waren sie nur nominell Mitglied und nicht wirklich Teil der rekonstruktionistischen Bewegung, aber wie Kaplan hegten sie die Überzeugung, daß das jüdi-

Ein fundiertes Studium der jüdischen Quellen ist fester Bestandteil der Ausbildung zum Rabbiner.

Studenten am rekonstruktionistischen Rabbinerseminar studieren Talmud.

sche Leben in Amerika einiger tiefgreifender Änderungen bedürfe, wenn es Bestand haben solle. Die Erneuerer versuchten, auch Frauengruppen und Jugendklubs zu errichten, aber mit mäßigem Erfolg. Der Rekonstruktionismus war noch immer keine wirkliche Bewegung.

Erst 1959 erfolgte mit der Gründung der »Fellowship of Reconstructionist Congregations« durch Rabbiner Ira Eisenstein, Kaplans Schwiegersohn und engsten Mitarbeiter, der Durchbruch. Gemeinden konnten sich endlich als rekonstruktionistisch deklarieren und mußten nicht länger in der konservativen oder der Reform-Bewegung mitschwimmen. Heute nennt sich die Bewegung »Jewish Reconstructionist Federation«. Etwa hundert Synagogen in den Vereinigten Staaten, Zentralamerika, Kanada und Israel gehören dazu.

Auch die rekonstruktionistische Bewegung versuchte, eine Organisation aufzubauen, die alle Aspekte des Gemeindelebens berücksichtigt. 1974 wurde die »Reconstructionist Rabbinical Association« gegründet, die heute zweihundert Vollmitglieder hat; bereits 1968 wurde das »Reconstructionist College« als Ausbildungsstätte für rekonstruktionistische Rabbiner unter Ira Eisenstein eröffnet. Der erste Jahrgang wurde

1973 ordiniert. Die erste Frau als Rabbiner war 1976 Sandy Sasso. Heute wird das College von Rabbiner David Teutsch geleitet.

Kaplans Ziel war es nie gewesen, eine neue, unabhängige Bewegung innerhalb des Judentums zu gründen. Doch letztendlich sah er es als die einzige Möglichkeit, seine Konzepte jüdischen Lebens umzusetzen. Obwohl viele konservative und liberale Rabbiner Kaplans Ideen für wichtig hielten und sich sogar als Rekonstruktionisten bezeichneten, sah Kaplan schließlich ein, daß nur eine offizielle neue Bewegung seine Ziele vollkommen unterstützen könnte: durch die Gründung eigener Gemeinden, die Entwicklung einer eigenen Liturgie mit eigens geschriebenen Gebetstexten und mit der Möglichkeit, eigene Rabbiner ausbilden zu können.

Heute ist das rekonstruktionistische Judentum die vierte bedeutende Bewegung in der jüdischen Gesellschaft. Im Vergleich zu den drei großen Strömungen ist sie noch klein und nicht sehr stark. Aber die Gedanken, die Kaplan lehrte, haben sich in vielen jüdischen Organisationen verbreitet und sind in die ganze Welt gegangen. Mordecai M. Kaplan ist als einer der großen jüdischen Denker des 20. Jahrhunderts zu würdigen. Die Zukunft wird zeigen, wie sich die jüdische Erneuerungsbewegung entwickeln wird.

Rekonstruktionismus: Lehre und Praxis

Die Überzeugungen der anderen wichtigen Strömungen des Judentums sind von den unterschiedlichsten Gelehrten und Denkern auf vielfache Art zum Ausdruck gebracht worden. Die Prinzipien und Ansichten der jüdischen Erneuerungsbewegung dagegen stammen weitgehend aus den Schriften Mordecai Kaplans. Die Rabbiner Milton Steinberg, Eugene Kohn, Ira Eisenstein und Jack Cohen haben ebenfalls viel über den Rekonstruktionismus geschrieben, dennoch waren es Kaplans Gedanken, die grundlegend für die Bewegung geworden sind.

Eine religiöse Zivilisation

Im Mittelpunkt steht als wichtigste These, daß das Judentum eine sich ändernde, sich entfaltende und sich entwickelnde religiöse Zivilisation ist. In der biblischen Zeit bildeten die Juden ein Volk. Später wurden sie zu einer religiösen Gemeinde, einer Gemeinschaft, die gemeinsam betete und Gott diente. Mit Eintritt in die rabbinische Ära bestimmten die Regeln der Weisen und der *Halacha* das Leben. In der demokratischen Ära leben Juden wie Juden, weil sie es sich so ausgesucht haben. Das Leben wird nicht länger von jüdischen Gesetzen oder vom Jüdischen Volk allein bestimmt. Die Vorstellungen von Gott, der Menschheit, der Sünde, Wundern, dem jüdischen Gesetz, der Welt, vom Gebet und dem Leben nach dem Tode haben sich ebenfalls von Epoche zu Epoche verändert.

Kaplan nennt das eine »religiöse Zivilisation«, weil er davon überzeugt ist, daß die Religion jener Bestandteil unseres Lebens ist, der ihm Bedeutung verleiht. Für Kaplan ist Religion notwendig für jedes Volk und jede Kultur, weil sie uns über die Tiere erhebt, uns hilft, unsere Erfüllung als Menschen zu finden und unser Leben zu heiligen. So bedeutsam Religion auch ist, ist sie jedoch lediglich ein Teil einer gesamten Zivilisation. Für Kaplan umfaßt das Judentum viel mehr als Gottesverehrung, Gebete und die Befolgung der *Mitzwot*. Das Jüdische Volk hat seine eigene Kunst, Musik, Sprache, seine eigenen Sitten und Gebräuche entwickelt. Das heißt: das Judentum ist nicht nur eine Religion, sondern eine umfassende Zivilisation.

Erneuerung in den Gemeinden heißt auch Leitung und Organisation. Das rekonstruktionistische College bietet eigene Kurse an, damit Rabbiner und Gemeindevorstände qualifiziert ihre Aufgaben erfüllen können.

Was ist jedoch das Ziel einer spezifisch jüdischen Zivilisation? Nach Kaplans Ansicht ist sie so aufgebaut – mit *Thora*, Religion, Bräuchen und Kultur –, daß sie das kreative Überleben des Jüdischen Volkes sichert. Es wird deutlich, daß der Begriff des Jüdischen Volkes im Zentrum der jüdischen Erneuerungsbewegung steht. Und diese Definition des Jüdischen Volkes als eine religiöse Zivilisation erreichte eine Akzeptanz, die weit über die Erneuerungsbewegung hinausreicht.

Der Rekonstruktionismus und die anderen Strömungen des Judentums

Der Rekonstruktionismus erkennt an, daß jede der großen Strömungen dem Jüdischen Volk wichtige Anstöße gegeben hat. Dennoch kritisiert er jede einzelne von ihnen. So schätzt er zum Beispiel an der Orthodoxie, daß sie auf einem intensiven jüdischen Studium besteht und ihre Anhänger dazu veranlaßt, große Opfer für ihre Überzeugungen zu bringen. Auf der anderen Seite betone die Orthodoxie aber das Metaphysische zu sehr, den Glauben an einen personhaften Gott, der Wunder wirkt, und sei damit für zeitgenössische Juden wenig attraktiv. Das Reform-Judentum wiederum habe die Notwendigkeit der Entwicklung und des Wandels vom jüdischem Gesetz und jüdischem Leben klar erkannt. Leider vernachlässige es aber die religiöse Bedeutung des Begriffes »Volk« und die Bedeutung des Rituals. Für das konservative Judentum ist das Jüdische Volk von ganz besonderer Bedeutung. Dafür sei es zu sehr mit der Vergangenheit beschäftigt und mit dem hartnäckigen Versuch der Treue zur *Halacha*. Seine Ansätze, das jüdische Religionsgesetz zu verändern, seien viel zu kompliziert und wenig beherzt. Die positive Seite des Zionismus sei seine Liebe zum Land Israel. Gleichzeitig übersehe er aber die Bedürfnisse der Juden in der *Diaspora*. Und das säkulare Judentum ignoriere die Wichtigkeit religiösen Ausdrucks, obwohl es jüdische Kunst und Kultur fördere und pflege.

Da jede dieser geistigen Positionen ernsthafte Schwächen habe, sei die beste Vorgehensweise eine Erneuerung von jüdischem Leben, Gedankengut und jüdischer Philosophie. Das steht im Mittelpunkt von Mordecai Kaplans Ansatz. Das Emblem der rekonstruktionistischen Bewegung versinnbildlicht diese grundlegenden Ziele. Es hat die Form eines Rades. Die Radnabe stellt Israel dar, das Zentrum jüdischer Zivilisation, aus dem alle wichtigen Kräfte des Judentums entspringen. Religion, Kultur und Ethik sind die Radspeichen, die die Verbindung zwischen dem lebensnotwendigen Einfluß Israels und dem weltweiten jüdischen Leben herstellen und welche den besonderen Beitrag Israels zur Zivilisation der Welt erst ermöglichen. Das Rad hat einen inneren und einen äußeren

Radkranz. Der innere Radkranz repräsentiert die jüdische Gemeinschaft, die durch religiöse, ethische und kulturelle Bande mit Israel verknüpft ist, auch wenn sie sich über die ganze Welt verbreitet. Der äußere Radkranz stellt die allgemeine Außenwelt dar, mit der die jüdische Zivilisation zu jedem Zeitpunkt in Verbindung steht. Dieses Emblem faßt die gesamte Philosophie der jüdischen Erneuerungsbewegung zusammen.

Gott

Mordecai Kaplans Vorstellungen von Gott sind keineswegs traditionell. Kaplan ist ein »humanistischer Naturalist«. Humanist ist er, weil er Gott in den Menschen und in der menschlichen Erfahrung wiedererkennt. Unsere Fähigkeit und unser Antrieb, Besseres zu tun, Höheres zu erreichen, Größeres zu verwirklichen und uns von den Tieren zu unterscheiden, spiegelt die Macht Gottes wider. Kaplan findet Hinweise auf Gott auch im Universum und in der Natur, weil es hier Ordnung und Gesetze, Regeln und Strukturen gibt. Die Ordnung in der Natur könne uns dabei helfen, die höchsten Ziele zu erreichen. Kaplan zufolge soll der Glaube an Gott gründen auf rationalen, wissenschaftlichen Fakten genauso wie auf das Vertrauen in die Menschheit und das Universum, die bereits alle Elemente aufweisen, um unser ethisches Verhalten herauszubilden und fortzuentwickeln.

Kaplan definiert Gott als die Macht oder den Prozeß, der menschliche Erlösung und Erfüllung herbeiführt und für die Verwirklichung der höchsten Ideale sorgt, nach denen Menschen streben. Im Grunde glaubt Kaplan zutiefst daran, daß die Menschen (und das Universum, dessen Teil sie sind) in sich eine Kraft oder Macht tragen, die sie dazu veranlaßt, nach Idealen wie Gerechtigkeit und Wahrheit, Güte und Frieden zu streben. Wie die Gravitation eine Kraft in der Natur ist, die man nicht sehen, aber jederzeit spüren kann, so gibt es auch im Menschen und in der Welt eine Kraft, die uns nach Besserung und Erfüllung streben läßt. Diese Kraft nennen wir »Gott«.

Der Rekonstruktionismus lehrt nicht, daß Gott eine Person im Himmel ist, die unsere Taten in einem Buch aufschreibt. Diese Vorstellung, meint Kaplan, sei naive und kindliche Metaphysik. Wir können Gott weder sehen noch spüren – und sollten es auch gar nicht versuchen. Genausowenig sollten wir den Versuch unternehmen, Gott durch mystische Erfahrungen kennenzulernen. Sogar der Glaube an Wunder scheint ihm kindlich und viel zu einfach angesichts der Erkenntnisse moderner Wissenschaft, die uns gelehrt hat, daß die Gesetze des Universums nicht aufgehoben werden können. Man sollte sich Gott deswegen weder als Wesen vorstellen, das Wunder tun kann, noch als Richter, der im nächsten Leben belohnen oder strafen wird. Das Augenmerk des Menschen sollte auf dieser Welt liegen, nicht auf der kommenden. Von ihm wird verlangt, daß er im Hier und Jetzt ein Leben führt, das als gut bezeichnet werden kann.

Rekonstruktionistischer Gottesdienst zum Laubhüttenfest (Sukkot) mit Lulaw und Etrog.

Die radikalste Änderung in Kaplans Gottesvorstellung ist jedoch die Überzeugung, daß die Macht Gottes begrenzt sei. Wäre Gott allmächtig, wie könnte er Böses und Leiden in der Welt zulassen? Der rekonstruktionistischen Bewegung zufolge gibt es Dinge, die in Gottes Macht stehen – aber auch solche, die Gott nicht oder noch nicht kontrollieren kann. Denn Gottes Heiligkeit erfülle noch nicht die ganze Welt. Den Teil des Lebens und der Welt aber, der noch nicht von der Gegenwart Gottes durchdrungen ist, nennen wir das »Böse«. Wir müssen darauf vertrauen, daß Gottes Geist eines Tages die ganze Welt erfüllen wird und daß das Böse und das Leiden dann bedeutungslos werden. Unsere Aufgabe als Menschen und als Juden ist es, diesen Tag immer näher zu bringen.

Mit der Ausnahme von Rabbiner Milton Steinberg, dem diese Definition von Gott zu kalt und rational schien, wurde diese Gottesvorstellung von allen rekonstruktionistischen Denkern akzeptiert.

Die Thora

Der Rekonstruktionismus unterscheidet sich vom traditionellen Judentum deutlich, glaubt er doch nicht daran, daß Gott am Berg Sinai die *Thora* offenbart habe. Rekonstruktionisten akzeptieren die Einsichten der modernen Bibelwissenschaft, die zeigen, daß die Bibel das Werk mehrerer Autoren aus verschiedenen Zeitaltern ist. So schrieb Kaplan, daß die Bibel nicht das Zeugnis des göttlichen Wortes an uns sei, sondern vielmehr das Zeugnis unserer Suche nach Gott. Immer, wenn wir eine religiöse Wahrheit entdecken oder eine tiefe ethische Einsicht gewinnen, sei dies für uns die Offenbarung von Gottes Willen.

Deshalb sind Rekonstruktionisten auch nicht der Ansicht, die *Halacha* sei heilig und unveränderlich, und sie sprechen nicht von der Erfüllung von *Mitzwot*. Sie weisen darauf hin, daß die jüdische Gemeinschaft die Befolgung des jüdischen Gesetzes nicht mehr erzwingen könne. Vielmehr dürfe heute jeder Jude die Gesetze frei wählen, die er befolgen möchte. Die alten Begriffe *Halacha* und *Mitzwot* seien daher heute nicht mehr angemessen. Der Rekonstruktionismus bezeichnet *Mitzwot* deshalb als »Volksbrauch« oder »Gepflogenheit«. Jedes Volk in der Geschichte habe solches Brauchtum geschaffen, jede Zivilisation habe seine Helden, seine heiligen Ereignisse, Tage und Gegenstände. Die Helden des Judentums seien Männer wie Moses, Akiba, Raschi und Maimonides, seine heiligen Ereignisse Geburt, Heirat, *Bar-* und *Bat-Mitzwa*, seine heiligen Tage der *Schabbat*, *Rosch ha-Schana* und *Jom Kippur*, und sein heiliger Gegenstand sei die *Thora*. Diese Bräuche und Gepflogenheiten sind es, die uns Gott näherbringen und uns dabei unterstützen, ein sinnerfülltes Leben zu führen. Doch von noch größerer Bedeutung ist es, daß all dies die Juden als Volk zusammenfügt und damit das Jüdische Volk bestehen und gedeihen läßt.

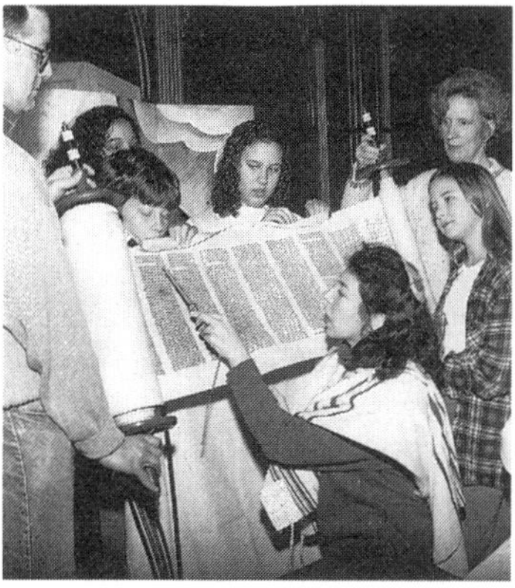

Eine Absolventin des rekonstruktionistischen Rabbinerseminars lehrt Thora in einer Synagoge dieser Bewegung.

Juden halten den *Schabbat* also nicht, weil Gott dies als Gebot aufgegeben hat, sondern weil das Halten des *Schabbat* die Bedeutung der Ruhe klar macht und den Zusammenhalt als einiges Volk ermöglicht.

Rekonstruktionismus und Ritual

Kaplan hoffte, jene Bräuche würden sich bewahren, die dazu beigetragen haben, die historische Kette des Jüdischen Volkes intakt zu halten und das spirituelle Leben zu bereichern. Doch diese Bräuche sollten vom Volk bereitwillig angenommen werden; niemand dürfe dazu gezwungen werden, einen Brauch zu beachten. Eine demokratische Stimmabgabe in jeder einzelnen Synagoge solle darüber entscheiden, welche Gebote im Rahmen des Gemeindelebens zu halten seien und welche nicht. Nach Kaplan müsse die Tradition vor der Änderung eines Gesetzes immer berücksichtigt werden, doch war er fest davon überzeugt, daß die Vergangenheit allein nicht für uns heute entscheiden dürfe. Die Vergangenheit habe ein Votum, aber kein Veto.

Mitzwot, die veraltet seien oder im Gegensatz zu den höchsten Idealen stünden, sollten neu interpretiert werden. Könne keine neue Bedeutung in ihnen gefunden werden, solle man sie aufgeben. Natürlich bedingt das Vorrecht, die Tradition zu verändern, auch die Verantwortung, neue Bräuche und Rituale zu schaffen, durch die die alten ersetzt werden können. Kaplan ergriff hier vielfach die Initiative. Er kämpfte schon für die Gleichberechtigung der Frauen im Judentum, bevor es dafür eine Bewegung gab. Aus demselben Grund entwickelte er die *Bat-Mitzwa*-Zeremonie für Mädchen.

Anfangs dachte man, daß es zu einem unverbindlichen Durcheinander führen werde, wenn jedem individuell das Recht zukomme, die für ihn im täglichen Leben wichtigen Rituale selbst zu wählen. Kaplan versuchte, dieses Problem dadurch zu lösen, indem er Anleitungen für das jüdische Leben entwickelte, die ein Jude nach eigenem Ermessen beachten konnte oder nicht. Ein solcher »Guide to Ritual Usage« entstand 1941. In diesem Buch wird eine religiöse Praxis beschrieben, die Juden helfen soll, als solche zu überleben und sich spirituell zu entwickeln. Kaplan forderte vor allem, daß die letzte Entscheidung darüber, ob *Mitzwot* angewendet oder abgelegt würden, beim Volk und nicht bei den Rabbinern liegen müsse.

Das Jüdische Volk

Der Rekonstruktionismus legt größte Bedeutung in den Begriff *Am Israel*, »Jüdisches Volk«. Für ihn ist das Volk das Zentrum der jüdischen Zivilisation. Das Ziel dieser Zivilisation ist, das Jüdische Volk lebendig zu erhalten, das heißt Werte zu entwickeln, die dem menschlichen Leben Bedeutung verleihen. Außerdem existiert die *Thora* zum Wohl des Jüdischen Volkes, als Eckpfeiler dieser jüdischen Zivilisation. Kaplan schrieb, daß es für jedes Volk eine große *Mitzwa* darstelle, zu überleben, zu schaffen und zu gedeihen – für Juden sei es eine besonders große *Mitzwa*, als ein Volk zu leben, das im Angesicht Gottes geschaffen sei. Der Willen des Jüdischen Volkes, zu leben und zu schaffen, müsse wiederbelebt werden. Kaplan machte sogar den Vorschlag, daß sich Vertreter des Judentums aus aller Welt in Jerusalem versammeln sollten, um den Bund vom Sinai formell zu erneuern.

Er nannte das Jüdische Volk nicht »auserwählt«. Dies hielt er für einen Ausdruck, der Überlegenheit suggeriere. Rabbiner Eugene Kohn pflichtete dem bei, als er schrieb, das Jüdische Volk »auserwählt« zu nennen, unterstelle gleichzeitig die Geringschätzung anderer Völker. Im Rekonstruktionismus ist man sich einig, daß Juden jede Vorstellung davon aufgeben sollten, anderen Völkern in welcher Hinsicht auch immer überlegen zu sein. Deshalb wurde der Begriff des auserwählten Volkes aus allen Gebetbüchern und Ritualen des Rekonstruktionismus entfernt. Statt von Auserwähltsein spricht Kaplan von »besonderer Aufgabe«: »Das Ziel der jüdischen Existenz ist es, in uns als Juden einen aktiven Sinn für moralische Verantwortung zu entwickeln und ihn im Rest der Welt zu erwecken. Ist dies erreicht, wird das messianische Zeitalter angebrochen sein«.

Für die Anhänger des Rekonstruktionismus gilt: für Juden gibt es nur die Möglichkeit, in zwei Zivilisationen gleichzeitig zu leben. Deutsche Juden leben sowohl in der deutschen als auch in der jüdischen Zivilisation. Sogar israelische Juden müssen in der israelischen und gleichzeitig in der jüdischen Zivilisation leben. Es ist die Aufgabe von Juden, aus beiden Zivilisationen das Beste zu entlehnen, die jüdische Zivilisation zu stärken und aus beiden eine geglückte Kombination zu machen.

Das Land Israel

Seit seiner Kindheit war Kaplan – und das galt auch für seine Anhänger – begeisterter Zionist. Im Grunde vertritt der Rekonstruktionismus die Ansicht, daß ein erfülltes jüdisches Leben nur in *Eretz Jisraël* möglich ist. Kaplan und viele seiner Studenten haben sich deshalb in Israel niedergelassen. Er war jedoch Realist und wußte, daß sich nicht alle jüdischen Gemeinden in der ganzen Welt auflösen und nach Israel ziehen würden. Deshalb lehnte er den zionistischen Grundgedanken ab, daß alle Juden *Alija* machen sollten. Außerdem widersprach er der orthodoxen Überzeugung, daß Israel ein Gottesstaat sein solle: regiert nach den Prinzipien der *Halacha* und ohne Trennung von Religion und Staat.

Kaplans Aufruf zu einem »neuen Zionismus« griff Gedanken des bereits erwähnten Denkers Ahad Ha'am auf, der in *Eretz Jisraël* ein kulturelles und spirituelles Zentrum sah, das dem Judentum in der *Diaspora* Führung und Anleitung geben könne. Kaplan hoffte, daß es zu einer gegenseitigen Bereicherung und Beeinflussung von Israel und dem Judentum in der Welt kommen werde. Israel solle auf religiösen und moralischen Prinzipien aufgebaut sein: »Bevor die *Thora* vom Zion ausgehen kann«, schrieb er, »muß sie Eingang in den Zionismus finden«. Zionismus sei das Instrument zu einem höheren Zweck: dem der geistigen Wiederbelebung des Jüdischen Volkes. Nur eine kreative Partnerschaft zwischen Israel und dem Jüdischen Volk in der ganzen Welt kann dies bewirken.

Die jüdische Gemeinschaft

Anfang des 20. Jahrhunderts war Mordecai Kaplan an der Gründung der »Kehillah« in New York beteiligt. Sein Ziel, die jüdische Gemeinschaft zu einigen und so das Judentum zu stärken, verlor Kaplan nie aus den Augen. Wiederholt forderte er Juden auf, »organische Gemeinden« zu errichten, wie es die *Kehillot* in Europa gewesen waren, im Gegensatz zu diesen jedoch auf freiwilliger Basis. Den amerikanischen *Kehillot* sollten alle jüdischen Gruppierungen angehören, ungeachtet religiöser oder politischer Unterschiede. Eine ideale organische Gemeinde hätte als Aufgaben unter anderem die Entwicklung von ethisch-moralischen Richtlinien, die Förderung jüdischer Bildung, Kultur und Kunst, den Kampf gegen Diskriminierung und Antisemitismus, die Sorge um Gesundheit und Wohlfahrt und die Beseitigung von Armut unter Juden und die Förderung des Gemeinwohls zusammen mit der nichtjüdischen Umwelt. Obwohl in verschiedenen Gemeinden Amerikas gemeinsame »community councils« errichtet wurden, ist Kaplans Vorstellung von der organischen Gemeinde noch nicht realisiert.

Soziales Engagement

Kaplan war der Überzeugung, daß es das Ziel von Religion sei, Erlösung und Erfüllung für die Gemeinschaft zu bewirken, nicht nur für den einzelnen. Gelingen könne dies dann, wenn religiöse Prinzipien und Überzeugungen ihre Umsetzung in ethisch-soziales Engagement fänden. Die rekonstruktionistische Bewegung hat sich daher von Anfang an mit sozialen Fragen auseinandergesetzt. In den dreißiger Jahren des 20. Jahrhunderts unterstützten Kaplan und Eisenstein die sozialistische Forderung nach staatlicher Kontrolle wichtiger Industrien, um der harten Konkurrenz von privaten Unternehmen ein Ende zu setzen. Seit vielen Jahren unterstützt die Erneuerungsbewegung Gewerkschaften in ihrem Kampf für bessere Arbeitsbedingungen, setzt sich für Bürgerrechte ein und unterstützt liberalere Gesetze zu Geburtenregelung und Abtreibung. Sie verteidigt die »Vereinten Nationen« und setzt sich für weltweite Abrüstung ein. Daneben sprach sie sich rückhaltlos gegen die Todesstrafe aus.

Kaplan lehnte es ab, daß Kinder zu *Jeschiwot* und eigenen Gemeindeschulen geschickt wurden, weil er der Meinung war, daß eine solche Ausbildung Kinder aus der amerikanischen Gesellschaft ausgrenzen würde. In seinen letzten Lebensjahren änderte er seine Meinung und gestand zu, daß in den unteren Jahrgangsstufen ein jüdisch geprägtes Schulsystem für jüdische Kinder sinnvoll sein kann. Dennoch blieb er ein Verfechter des öffentlichen Schulsystems und vertrat die Ansicht, daß es für die amerikanische wie die jüdische Gesellschaft von Vorteil wäre, betrachtete man Demokratie als religiösen Ausdruck des Staatsbürgers.

Interreligiöse Aktivitäten

Merkwürdigerweise war der Rekonstruktionismus nie sehr engagiert im Bereich der interreligiösen Aktivitäten. Kaplan glaubte nicht an den Erfolg von religiösem Dialog. Rabbiner Ira Eisenstein war der Meinung, solange jede Religion der Überzeugung sei, allein die einzige Wahrheit zu besitzen, sei jede Zusammenarbeit utopisch. Dennoch wird versucht, mit Juden anderer Strömungen und Nichtjuden in nichtreligiösen Fragen zusammenzuarbeiten, zum Beispiel bei der Bekämpfung von Armut, Krankheit, Diskriminierung und Korruption.

Religiöse Praxis

Aufgrund der Auffassung, daß *Mitzwot* geändert oder sogar fallengelassen werden können, variieren die religiösen Bräuche des Rekonstruktionismus von Gemeinde zu Gemeinde stark. Die Bewegung ist der Ansicht, daß Juden Rituale befolgen sollten, um ihr Leben spirituell zu bereichern und mit dem Jüdischen Volk enger verbunden zu sein. Die Entscheidung, welche Rituale zu befolgen sind, wird dabei dem Individuum und der Gemeinde überlassen. Die Bewegung versucht keinen Druck auszuüben und nicht von Sünde oder Schuld zu sprechen. Kaplan war sein Leben lang ein observanter Jude: Er betete täglich, lebte *koscher*, hielt den *Schabbat* und die Feiertage. Nicht viele seiner Anhänger eifern ihm in dieser Beziehung nach.

Obwohl die Bewegung eine Anleitung für rituelle Bräuche veröffentlicht hat, kann damit eben nur ein Anhaltspunkt gegeben werden. Das Individuum hat die Entscheidung, wieweit es den Empfehlungen folgen will. Der »Guide to Ritual Usage« rät zum Beispiel, am *Schabbat* Dinge zu tun, um das Leben besonders zu genießen, die an anderen Tagen der Woche nicht möglich sind. Für manche Leute heißt das, die Synagoge zu besuchen, nicht zu arbeiten und die *Thora* zu studieren. Für andere kann dies Golf- oder Fußballspielen oder Segeln bedeuten. Manche befolgen den *Schabbat* sorgfältig, andere gar nicht. Die *Kaschrut*-Regeln werden von der Bewegung offiziell anerkannt, weil sie lehren, daß wir essen, um leben zu können und nicht leben, um essen zu können. Außerdem erheben sie den tierischen Akt der Nahrungsaufnahme zu einer heiligen Handlung. Kaplan schlägt jedoch vor, daß der rekonstruktionistische

Jude nicht-*koscheres* Essen zu sich nehmen darf, wenn es außer Haus zu schwierig ist oder ein zu großes Opfer verlangen sollte, *koscher* zu bleiben. Viele rekonstruktionistische Juden essen zu Hause *koscher* und außer Haus nicht-*koscher*.

Der Rekonstruktionismus befürwortet eine Eheschließung innerhalb des Judentums. Man benutzt eine *Ketuba*, aber besteht nicht auf einem *Get*. Die Kinder werden beschnitten und bekommen nach traditioneller Art ihren Namen. Es entstanden einige neue Zeremonien, in denen die Mädchen ihren Namen erhalten. *Bar*- und *Bat-Mitzwa* sind wichtige Marksteine im Leben rekonstruktionistischer Juden, und die Bewegung versucht, den Kindern ihrer Mitglieder eine gute jüdische Erziehung zu bieten. Bestattungs- und Trauerrituale sind von Ort zu Ort unterschiedlich.

Das rekonstruktionistische Gemeindezentrum

Es war Kaplans Idee, ein Gemeindezentrum einzurichten, das seinen Mitgliedern religiöse, kulturelle, wohltätige, soziale und sportliche Aktivitäten bieten könnte. Er beruht auf der Vorstellung, daß das Judentum eine religiöse Zivilisation ist und den Juden alle Möglichkeiten zu Aktivitäten bieten soll – die einer Zivilisation ebenso wie die einer Religion. Seine Idee setzte sich nicht nur im Rekonstruktionismus durch, sondern auch viele Synagogen der anderen Strömungen des Judentums übernahmen diesen Gedanken.

Im synagogalen Leben entwickeln Rekonstruktionisten große Kreativität bei der Gestaltung ihrer Gottesdienste. Musikinstrumente und Chormusik finden häufige Verwendung, der Gemeindegesang ist sehr ausgeprägt und Männer und Frauen sitzen zusammen. Männer sollten *Kippa* und *Tallit* tragen. Die alten Unterscheidungen zwischen den priesterlichen Kasten (*Kohen* und *Levi*) und

Innovative Gottesdienste (»Shabbat Unplugged«) kennzeichnen das rekonstruktionistische Gemeindeleben.

Rabbinerin Elizabeth Bolten studiert mit dem Chor
des Rabbinerseminars selbstgeschriebene Stücke ein.

dem Volk (*Israel*) wurden beseitigt, um die Synagoge demokratischer zu machen. Die Gebetbücher wurden den rekonstruktionistischen Überzeugungen angepaßt. Da man Hebräisch für einen wichtigen Bestandteil der jüdischen Zivilisation hält, werden die meisten Gebete auf Hebräisch gesprochen. Viele von ihnen wurden jedoch geändert; moderne Gebete – in hebräischer wie auch in englischer Sprache – wurden hinzugefügt. Die meisten rekonstruktionistischen Synagogen halten nur den ersten Tag der jüdischen Feste, so wie dies auch die meisten Reform-Synagogen und einige konservative Gemeinden tun.

Von allen religiösen Bewegungen im amerikanischen Judentum ist der Rekonstruktionismus am wenigsten mit dem traditionellen Judentum verbunden und hält an alten Ritualen und Bräuchen nicht um ihrer selbst willen fest. Aus diesem Grund ist er besonders bereit, sich zu ändern, sich zu entwickeln und zu erneuern. Obwohl in seinen Anfängen durch Kaplan mit dem konservativen Judentum eng verbunden, änderte sich dies seit Entstehen der eigenen Infrastruktur weitgehend. Ursprünglich hatten viele rekonstruktionistische Rabbiner der konservativen »Rabbinical Assembly« angehört, schon weil das JTS der Ort gewesen war, an dem Kaplan gelehrt hatte. Heute jedoch gehört der Rekonstruktionismus fest in das progressive Lager. Seine Haltung zur Gleichberechtigung der Frau, zur jüdischen Abstammung auch aus der Vaterlinie (Patrilinearität), zur Mischehe, zur Homosexualität und zur relativen Stellung des Religionsgesetzes rückt ihn an den linken Rand des weltweiten progressiven Spektrums.

Das orthodoxe Judentum

Der Buchstabe des Gesetzes

Das Wort »orthodox« bedeutet »rechtgläubig«. Mit ihm werden diejenigen Juden bezeichnet, die trotz der Aufklärung und der gesellschaftlichen Veränderungen nach der Emanzipation ihren Glauben und ihre Bräuche nicht änderten. Doch ist es wahrscheinlich nicht das richtige Wort, um orthodoxe Juden zu umschreiben. Der Begriff kam im 19. Jahrhundert auf und wurde vermutlich in polemischer Absicht von den Anhängern der Reform-Bewegung verwendet, um diejenigen zu beschreiben, die jede Abweichung von der Tradition für unzulässig hielten und unerschütterlich festhalten wollten an der überlieferten Auslegung des Religionsgesetzes und der Tradition in ihrem wörtlichen Sinn. Es wird mit Recht darauf hingewiesen, daß für orthodoxe Juden weniger die »Rechtgläubigkeit« im Mittelpunkt steht als die richtige Weise der Befolgung der *Mitzwot*. Deswegen sollte man besser von »Orthopraxie« oder der »Bewegung der richtig Praktizierenden« sprechen. Andere Mitglieder innerhalb der orthodoxen Gruppe argumentieren, daß ihre Überzeugung die Norm sein sollte und nennen sich deshalb »normative« Juden. Wieder andere sind sogar der Meinung, daß die Orthodoxie das einzig wahre Judentum sei und bezeichnen sich selbst am liebsten exklusiv als »thoratreue Juden«. Im großen und ganzen ist jedoch die Bezeichnung »orthodox« trotz ihrer Unschärfen bis heute erhalten geblieben.

Orthodoxe Juden *aschkenasischer*, *sephardischer* und jemenitischer Tradition unterscheiden sich in vielen Details voneinander. Und doch sind sie sich einig in ihrem Glauben an den einen, personhaften Gott, an die schriftliche und mündliche *Thora* als Israels verbindliche Richtschnur, an die *Mitzwot* als die Gebote Gottes, an den *Schabbat* und die Feiertage, an traditionell gesungene hebräische Gebete, an die Speisegesetze und an die Bedeutung der jüdischen Hochzeits- und Scheidungsgesetze. Ihre Observanz beruht im wesentlichen auf der Beachtung der Auslegung von schriftlicher und mündlicher *Thora*, wie sie im »Schulchan Aruch« des Joseph Karo von 1564 niedergelegt worden ist.

Dennoch beschränkt sich die »thoratreue« Identität nicht auf die Praxis allein. Es ist beileibe nicht so, daß den Orthodoxen der Glaube und dessen richtige Auslegung und Interpretation unwichtig wäre, solange nur die Gebote der *Thora* beachtet würden. Zwei Prinzipien sind für das orthodoxe Selbstverständnis maßgebend: *Thora min ha-Schamajim* (die *Thora* stammt vom Himmel) und *Thora lischmah* (die *Thora* muß um ihrer selbst willen beachtet werden). Damit wird zum einen gefordert, den göttlichen Ursprung der *Thora* anzuerkennen, aus dem die uneingeschränkte Befolgung ihrer Gebote abgeleitet wird. Zweitens müsse die in der *Thora* enthaltene Lehre uneigennützig studiert werden und die Gebote um ihrer selbst willen und ohne rationale Begründung befolgt werden. Damit ist deutlich, daß der Buchstabe der *Thora* menschlicher Erörterung und Hinterfragung nicht offen steht oder gar außer Kraft gesetzt werden kann, wenn es dem Menschen erforderlich scheint.

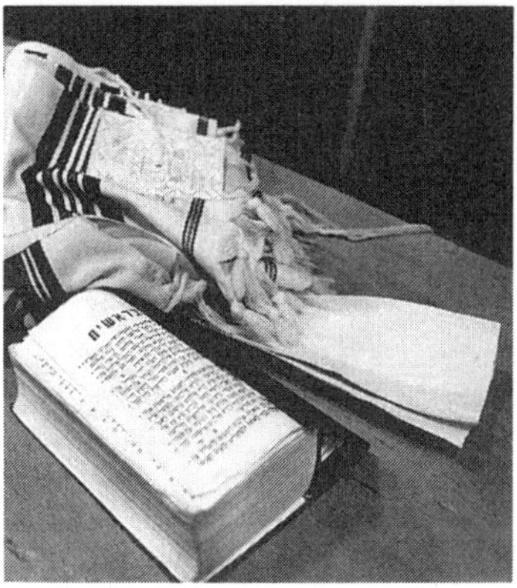

Die absolute Autorität der Thora bestimmt das orthodoxe Leben, das als Gottesdienst verstanden wird und mit Gebet und Thorastudium erfüllt ist. Der jüdische Gebetsschal und die Bibel stehen für diese Heiligung des Alltags.

Dies schließt *halachische* Neuerungen nicht prinzipiell aus. Ein *chiddusch*, eine Novellierung, ist dann zulässig, wenn die hergebrachte *Halacha* sonst nicht mehr anwendbar wäre. Dennoch dürfen Veränderungen nicht den Versuch darstellen, Abstriche an der *Halacha* selbst zu machen. Sie sind nur dann zulässig, wenn dabei den exegetischen und hermeneutischen Regeln der Tradition gefolgt wird. Veränderte Zeitumstände sind aus orthodoxer Sicht keinesfalls gültige Gründe für Veränderungen des Religionsgesetzes.

Orthodoxie hat ein breites Spektrum

Von allen religiösen Gruppierungen des Judentums ist die Struktur der orthodoxen Gemeinschaft am wenigsten homogen. Es gibt kein zentrales Rabbinerseminar, keine zentrale Synagogenorganisation, keine geschlossene Rabbinervereinigung und kein gemeinsames Sprachrohr. Die Orthodoxie kennt heutzutage mehr Schattierungen als je und ist in sich sehr zersplittert. Hinter dem Oberbegriff »Orthodoxie« verbirgt sich heute ein breites Spektrum religiöser Lebensformen. Es reicht von den Chassidismus-kritischen *Mitnagdim* des Gaon

Kinder sind von Anfang an ins orthodoxe Leben einbezogen. Das täglich wachsende Verständnis orthodoxer Gebräuche gibt ihnen von früher Jugend an ein klares Selbstverständnis, zu dem auch die Achtung vor dem Alter gehört.

von Wilna (1720 – 1797) über die Neo-Orthodoxie des Samson Raphael Hirsch (1808 – 1888) bis hin zu den Gruppierungen der Ultra-Orthodoxie des 20. Jahrhunderts. Während die orthodox-litauische Verknüpfung von rabbinischer Gelehrsamkeit mit moderner weltlicher Bildung heute fortgesetzt wird durch so herausragende Vertreter wie Rabbiner Joseph Soloveitchik (1903 – 1993), Yeshayahu Leibowitz (1903 – 1994) und Émanuel Lévinas (1906 – 1995), hat die Neo-Orthodoxie ihr Zentrum im angloamerikanischen Raum: an der »Yeshiva-University« in New York.

Die Neo-Orthodoxie

Ursprünglich hatte die *sephardische* Tradition die vorherrschende Richtung in den USA bestimmt. Doch durch immer neue Immigrationswellen entstanden zwischen 1830 und 1840 überall in den Vereinigten Staaten neue *aschkenasische* Synagogen, während keine einzige *sephardische* mehr hinzu kam. Viele dieser orthodoxen Synagogen wurden von Deutschland aus durch den großen orthodoxen Rabbiner Samson Raphael Hirsch geprägt. Hirsch leitete die Frankfurter orthodoxe Austrittsgemeinde und lehrte, daß die *Thora* mit der weltlichen Kultur verbunden werden könne, ohne vom Buchstaben der *Thora* abzuweichen. Er forderte die Juden auf, die neuen Freiheiten anzunehmen, die sie durch die Emanzipation zugestanden bekommen hatten, und auch außerhalb des Ghettos als thoratreue Juden zu leben. Hirsch trug – wie seine nicht-orthodoxen Rabbinerkollegen – eine schwarze Robe und stutzte sich den Bart. Er predigte und schrieb auf deutsch. All dies rief das Mißtrauen seiner traditionelleren Kollegen hervor, doch Hirsch betrachtete sich stets als thoratreu. Er bestand darauf, die *Mitzwot* ohne Einschränkungen zu halten, und bekämpfte die Reform-Bewegung in Deutschland mit aller Kraft. Hirsch wurde zum führenden Kopf der modernen deutschen Orthodoxie und sah, wie seine Position im angelsächsischen Raum aufgenommen wurde. Seine Auffassung vom Judentum ergriff schließlich auch die Juden Amerikas, die aus Osteuropa den Weg in die »Neue Welt« gefunden hatten.

Die Anfänge in den USA

Jede der drei Immigrationswellen hatte der amerikanischen Orthodoxie eine eigene, besondere Note hinzugefügt. Die *Sephardim* zum Beispiel hielten ihre Gottesdienste ab wie die Synagogen in London und Amsterdam. Sie sangen Hebräisch mit *sephardischen* Melodien und sprachen Hebräisch ähnlich wie die Israelis heute. Sie achteten auf besonderes Benehmen während der Gottesdienste. Die ersten Protokollbücher der sechs *sephardischen* Gemeinden, welche zur Zeit der amerikanischen Revolution existierten, berichten sogar von Bußgeldern für Gläubige, die während der Gebete sprachen oder sich schlecht benahmen. Die Gemeinden gründeten religiöse Schulen, *Talmud Thora* oder *Jeschiwot* genannt, an denen sie jüdische Fächer ebenso wie Spanisch, Englisch, Mathematik und viele andere Wissensgebiete unterrichteten. Sie legten auch Friedhöfe an, bauten rituelle Bäder und gründeten Wohltätigkeitsfonds, um die Armen und Kranken zu versorgen. Bevor die ersten *sephardischen* Rabbiner nach Amerika kamen, wurden die Gemeinden von Vorbetern geführt, die im Gottesdienst sangen, an religiösen Schulen unterrichteten und am *Schabbat* und an Feiertagen englische Predigten hielten.

Diese Predigten auf englisch waren eine amerikanische Innovation. Als Gershom Mendes Seixas aus New York und Isaac Leeser aus Philadelphia die Predigt in der Landessprache in den Gottesdienst einführten, protestierten zunächst viele Gläubige, doch schließlich wurde die englische Predigt in den *sephardischen* Synagogen akzeptiert. In solchen Fällen hatte das Urteil der Vorbeter genügend Gewicht. In komplexen jüdischen Rechtsfragen mußten indessen Rabbiner in London oder Amsterdam konsultiert werden, was Monate dauern konnte.

Im Laufe der Zeit übernahmen die *aschkenasischen* Siedler die Führung und errichteten ihre eigenen Institutionen. Die vor allem deutschsprachigen Gemeinden machten ihren Anspruch geltend auf eigene Synagogen, religiöse Vorbeter und liturgische Bräuche. Die erste solche Gemeinde entstand 1761 in Easton, Pennsylvania. Sie existierte nicht lange. Im Jahre 1802 gründeten deutsche Juden die »Rodef Shalom« Gemeinde in Pennsylvania, die heute zur Reform-Bewegung gehört. Die niederländischen und englischen Juden aus New York folgten dem Beispiel und gründeten 1825 »B'nai Jeshurun« in New York. Sie ist heute eine konservative Gemeinde.

Vor 1880 waren die Vereinigten Staaten für orthodoxe Juden kein unproblematischer Aufenthaltsort. Die jüdische Bevölkerung war zahlenmäßig klein, es gab keine Rabbiner oder professionellen Lehrer (vor allem vor 1840) und vor Ende des 19. Jahrhunderts existierten auch keine guten religiösen Schulen oder Seminare. Für orthodoxe Juden war es also nicht leicht, *koscher* zu leben oder die Feiertage streng einzuhalten. Um 1880 gehörten zudem die meisten der älteren deutschen Synagogen entweder der liberalen oder konservativen Strömung an. Die Aussichten der Orthodoxie schienen hoffnungslos.

Mehr als irgendeine andere Entwicklung war die massive Immigration osteuropäischer Juden um 1881 für die Blüte der amerikanischen Orthodoxie und des amerikanischen Judentums insgesamt verantwortlich. Hunderte von Synagogen wurden gegründet. Rabbiner und Kantoren, *Schochetim* und *Mohalim*, Schriftgelehrte und Wissenschaftler ließen sich in New York, Philadelphia, Boston, Chicago, St. Louis und Los Angeles nieder. 1880 hatten osteuropäische Juden nur zehn Prozent der jüdischen Bevölkerung in Amerika dargestellt. 1906 waren es fünfundsiebzig Prozent, und 1916 setzte sich die Mehrheit der Mitglieder aller neunzehnhundert Synagogen in Amerika aus osteuropäischen Juden zusammen. Synagogen wurden oft nach den Heimatländern der Immigranten genannt, wie zum Beispiel »Rußland« oder »Polen«, »Ungarn« oder »Rumänien«.

Immer neue *Talmud-Thora*-Schulen und *Chedarim*, Einklassenschulen, mit ihrem *Melamed*, Lehrer, unterwiesen die Jugendlichen im Verständnis der Bräuche. Die Aussichten für ein religiös geprägtes Judentum wurden besser und die Orthodoxie blühte in ihrem neuen Heimatland.

Die »Yeshiva-University« entsteht

Ein gravierender Nachteil war jedoch, daß es nach wie vor nicht genügend praktizierende Rabbiner gab und daß die kleineren Gemeinden es sich nicht leisten konnten, ihre Rabbiner voll zu bezahlen. In New York City gab es daher für hundertdreißig orthodoxe Schulen lediglich drei oder vier nebenberuflich tätige Rabbiner. Durch die große Immigrationswelle osteuropäischer Juden drängten immer mehr orthodoxe Kinder nach einer guten religiösen Bildung. Der Mangel an Rabbinern unterstrich die Tatsache, daß Schulen immer dringender notwendig wurden, um die Jugendlichen auszubilden oder selbst auf das Rabbinat vorzubereiten.

Fromme Laien, die sich der Folgen dieses gravierenden Mangels bewußt waren, gründeten 1886 die »Etz Chaim Jeschiwa« an der Lower East Side New Yorks. Ihr Ziel war die Verbesserung der religiösen, geistigen und sozialen Zustände für junge Juden; bessere Ausbildung und Betreuung auf hebräisch; die Unterrichtung der Heiligen Schrift, des *Talmud* und der hebräischen Sprache und Literatur; Gottesdienste nach orthodox-jüdischer Tradition; außerdem die Unterweisung im Lesen, Schreiben und Sprechen von Englisch. Das Alter der Schüler lag zwischen neun und fünfzehn Jahren. Der Unterricht fand in einem verwahrlosten Raum statt. Die Schule entwickelte sich nur langsam, und nicht nur Finanzen waren ein ständiges Problem; auch mit dem Unterricht in weltlichen Fächern haperte es.

Im Jahre 1897 wurde eine weitere Ausbildungsstätte gegründet, das »Rabbi Isaac Elchanan Theological Seminary«. Diese *Jeschiwa* für ältere Jungen sollte die Studien des *Talmud* fördern und die Studenten für das orthodoxe Rabbinat vorbereiten. Am Nachmittag wurden an der Schule auch weltliche Fächer unterrichtet. Um 1902 waren mehr als fünfzig Studenten immatrikuliert.

Aufgrund des dauernden Geldmangels beschlossen die beiden Schulen 1915 zu fusionieren. Der Erfolg der neuen Anstalt sollte durch deren

Lernen ist von zentraler Bedeutung. Das Studium der Schriften und Gebete, das ›Steigen im Lernen‹, wird bis ins hohe Alter gepflegt und hat oft Vorrang vor der beruflichen Karriere.

Präsidenten gesichert werden. Rabbiner Bernard Revel war 1906 aus Litauen nach Amerika gekommen. Er wurde als herausragender Student des *Talmud* geschätzt, besaß aber auch einen Doktorgrad vom »Dropsie College« in Philadelphia. Von Anfang an sorgte Revel dafür, die kleine *Jeschiwa* zu einer Einrichtung für Forschung und Lehre auszubauen. An die ursprüngliche Schule schloß er eine Oberschule an und eine jüdische Lehrerbildungsanstalt. 1928 gründete er das »Yeshiva-College«, die erste jüdische Hochschule in Amerika. Es bot sowohl jüdische als auch allgemeinbildende Fächer an und bereitete auf das Rabbinerseminar vor. Als Motto wählte man: »Thora and Science«. Revel leitete die Schule und das Seminar bis zu seinem Tod im Jahre 1940.

Unter der anschließenden Leitung von Dr. Samuel Belkin wurde das »Yeshiva-College« eine richtige Universität mit einer eigenen medizinischen und juristischen Fakultät und verschiedenen anderen Fachbereichen. Der derzeitige Präsident ist Dr. Norman Lamm, selbst ein Absolvent des »Yeshiva-College«.

Andere *Jeschiwot* und Schulen folgten. Die orthodox-jüdische Gemeinde in Chicago errichtete 1921 ein eigenes »Hebrew Theological College«. Hunderte von Rabbinern wurden dort ordiniert. Heute ist auch ein kleines College für weltliche Studien angeschlossen. Andere, der Moderne weniger offen gegenüberstehende *Jeschiwot* erteilten ihren orthodoxen Rabbinerstudenten ebenfalls die *Semicha* (Lehrbefugnis eines Rabbiners). Meistens bieten diese *Jeschiwot* keine weltlichen Fächer an und ermuntern ihre Studenten auch nicht dazu, eine Hochschule zu besuchen. Traditionelle *Jeschiwot* erlauben ihren Studenten zwar das Studium von Mathematik oder Englisch, die Naturwissenschaften oder Philosophie werden aber gemieden, da der Lehrstoff orthodoxe Positionen verletzen würde.

Für Schüler der Grund- und der Oberschule sind heute im ganzen Land mehr als dreihundert *Jeschiwot* vorhanden. Über siebzigtausend Schüler besuchen diese Tagesschulen, die in der Regel von »Thora Umesorah« verwaltet werden, jener Organisation, die in Amerika die Aufsicht über orthodoxe *Jeschiwot* wahrnimmt.

Die Orthodoxie organisiert sich

Ursprünglich glaubten die Vordenker der osteuropäischen Orthodoxie in Amerika, daß Einigkeit dabei helfen könnte, ein geordnetes thoratreues Leben zu organisieren. Ein erster Versuch, in New York eine Vereinigung von orthodoxen Synagogen zu bilden, scheiterte jedoch. Deshalb wurde 1887 Rabbiner Jacob Joseph aus Wilna eingeladen, als Oberrabbiner nach New York zu kommen. Mit dieser Idee folgte man dem Beispiel Englands und Frankreichs, die eine zentrale Organisation unter Führung eines solchen Oberrabbiners besaßen. Viele Rabbiner weigerten sich jedoch, die Autorität Josephs anzuerkennen. Doch nicht nur in New York, auch in anderen Städten scheiterten derartige Vorstöße. Auf die Vorstellung, daß eine zentrale Organisation sein religiöses Leben steuern solle, hat das amerikanische orthodoxe Judentum immer wieder negativ reagiert.

Es dauerte bis 1898, bis sich die orthodoxen Synagogen in Amerika zusammengefunden hatten. Um die Jahrhundertwende war die Reform-Bewegung zur dominanten Kraft des amerikanischen Judentums geworden und sehr gut organisiert. Deshalb trafen sich nun als Gegenreaktion tausend orthodoxe Gemeindevertreter in der spanisch-portugiesischen Synagoge von New York, um die »Union of Orthodox Jewish Congregations« zu gründen.

Rabbiner Henry Pereira Mendes wurde zu ihrem ersten Präsidenten berufen. Die Union bekräftigte die Haltung, daß Gott *Thora* und Gebote gegeben habe, daß die rabbinischen Interpretationen in *Talmud* und Kodizes verbindlich seien und die Positionen der Reform-Bewegung zu Übertritt und Mischehe nicht akzeptiert werden könnten. Die neue Union erklärte außerdem, daß die Juden »eine Nation vorübergehend ohne nationale Heimat« seien und daß die Rückkehr nach Zion ein grundlegendes Ideal des Judentums sei, das nicht aufgegeben werde.

Teilungen innerhalb der Orthodoxie

Die weniger orthodox ausgerichteten Gemeinden verließen die Union bald wieder und schlossen sich dem konservativen Judentum an, das 1913 seinen Gemeindeverband gegründet hatte. Die Mitgliederzahl der orthodoxen Union wuchs jedoch weiter. Diese gründete später noch einen Frauenbund und für ihre Jugendlichen die »National Conference of Synagogue Youth«. Ihr Studentenverband »Yavneh« sorgt sich besonders um die Einhaltung der Speisevorschriften. Die Union kontrolliert auch die *Kaschrut* für die ganzen USA. Ihr Symbol, das U in einem O (»*U*nion of *O*rthodox Jewish Congregations«), ist landesweit auf vielen Lebensmitteln zu finden. Heute gehören etwa sechzehnhundert orthodoxe Synagogen zur Union, mit mehr als zweihunderttausend Familien als Mitgliedern.

Einigen orthodoxen Synagogen war die Union jedoch nicht strenggläubig genug. Sie bildeten selbständige Verbände, zum Beispiel den »National Council of Young Israel«, der 1912 entstand. Heute umfaßt er etwa hundert Synagogen mit mehr als fünfundzwanzigtausend Familien als Mitgliedern. Andere, locker zusammengeschlossene Gemeinschaften wurden von chassidischen und ultra-orthodoxen Gruppen gegründet. *Sephardische* Juden aus der Türkei, Griechenland und Syrien, die in den letzten fünfzig Jahren nach Amerika kamen, haben ebenfalls ihre eigenen Dachverbände.

Orthodoxie und Zionismus

Die orthodoxen Juden schätzten die zionistische Bewegung anfangs als unreligiös oder sogar antireligiös ein. 1901 gründeten sie jedoch ihre eigene zionistische Bewegung, den »Mizrachi«, der den Wiederaufbau eines religiösen jüdischen Staates in Israel zum Ziel hatte. »Mizrachi« will noch heute die Vorstellung eines jüdischen Staates verwirklichen, der nach den Gesetzen und Idealen der *Thora* regiert wird. Die Frauen- und Jugendverbände (»B'nai Akivah«) sind weltweit und besonders in Israel sehr aktiv. Auch kleinere orthodox-zionistische Bewegungen entstanden im Laufe der Jahre und schlossen sich mit dem »Mizrachi« (in Israel: »Mafdal«) zu den »Religious Zionists of America« zusammen.

Auch hier bildeten ultra-orthodoxe Juden, die mit anderen Juden ungern zusammenarbeiten wollten, ihre eigenen Vereinigungen. Die meisten gehören zur »Agudat Israel«, einer internationalen Organisation orthodoxer Juden. Vor 1948 stand diese einem jüdischen Staat äußerst feindselig gegenüber, weil sie dem Zionismus als nicht religiös orientierter Organisation zutiefst mißtraute und darüber hinaus dem orthodoxen Grundsatz folgte, daß nur der Messias selbst das Heilige Land wiederaufbauen könne. Seit seiner Gründung unterstützt die »Agudat Israel« den israelischen Staat jedoch. Die Beziehungen zum orthodoxen »Mizrachi« sind aber nach wie vor kritisch, weil dieser der »Agudat Israel« als nicht thoratreu genug erscheint.

Höhepunkt einer Reise nach Israel: Während eines Gottesdienstes an der Klagemauer wird aus der Thora-Rolle gelesen.

Das orthodoxe Rabbinat

Genauso wie es den Synagogen der orthodoxen Bewegung nicht gelang, sich in einer einzigen Organisation zu vereinigen, schlossen sich auch die Rabbiner in kleineren Gruppen zusammen. Die erste wurde 1902 geschaffen und heißt »Agudat Ha-Rabanim« oder »Union of Orthodox Rabbis«. Die Gründer waren Rabbiner Moses Z. Margolies aus New York und Rabbiner Bernard L. Levinthal aus Philadelphia. Die meisten der Unionsmitglieder waren jiddischsprachige orthodoxe Rabbiner, die ihre Ausbildung in Europa genossen hatten. Diese Gruppe bestätigte das »Rabbi Isaac Elchanan Theological Seminary« an der »Yeshiva-University« als ihr offizielles Rabbinerseminar. Die Union orthodoxer Rabbiner wandte sich sogleich gegen die Reform-Bewegung und das konservative Judentum, weil diese ihrer Meinung nach mit der Tradition gebrochen hatten, vor allem was den *Schabbat* und die Speisevorschriften betraf.

Im Laufe der Zeit wurde die Zahl dieser europäisch ausgebildeten Rabbiner immer geringer und ihre Vereinigung verlor zusehends an Bedeutung. Die jüngeren, in Amerika ausgebildeten orthodoxen Rabbiner hatten das Bedürfnis, sich in einer eigenen Gruppe zusammenzuschließen, und gründeten 1935 den »Rabbinical Council of America«. Am Anfang bestand diese Vereinigung ausschließlich aus den Absolventen der »Yeshiva-University«. Später wurden auch Männer, die in anderen *Jeschiwot* ordiniert worden waren, dazu aufgefordert, sich anzuschließen.

Im Laufe der Zeit wurden verschiedene andere rabbinische Vereinigungen wie die »Rabbinical Alliance« und die »Hasidic Union of Grand Rabbis« gegründet. Aber der »Rabbinical Council of America« ist nach wie vor die größte und einflußreichste Gruppierung unter den modernen orthodoxen Rabbinern in Amerika. Die nicht-chassidische orthodoxe Gemeinde wurde über Jahrzehnte hinweg durch den bedeutenden Gelehrten und *Halachisten* Moshe Feinstein angeführt. Die Führer der »Agudat Israel« in Amerika sind aus den extrem orthodox eingestellten *Jeschiwot* hervorgegangen. Dazu gehören chassidische wie auch nicht-chassidische Rabbiner. Die ultra-orthodoxen Gemeinden, die auch heute noch hauptsächlich Jiddisch sprechen, betrachten diese Gruppe von Rabbinern zumeist als ihre religiösen Wortführer.

Aber auch hier folgen nicht alle der Meinung der gleichen Gelehrten. So wurde der als etwas zeitgemäßer geltende Lubawitscher Rebbe, der Führer der größten und besonders dynamischen chassidischen Gruppe weltweit, seinerzeit immer wieder vom Satmer Rebben und seinen Chassidim als viel zu liberal kritisiert. Der Lubawitscher Rebbe starb 1994 und bis heute wurde kein Nachfolger benannt. Andere größere chassidische Gruppen folgen ihren eigenen Rabbinern wie die Satmer oder Gerer. Doch ist die Lubawitscher Bewegung am dynamischsten und durch ihre vielen Aktivitäten wahrnehmbarer. Hier wird bereits offensichtlich, daß viele Grenzlinien unterschiedlicher Tradition und Auslegung allein durch das orthodoxe Judentum laufen. Dadurch erhält auch der Begriff »normativ« einen relativen Charakter.

Die Ultra-Orthodoxie

Ultra-Orthodoxe sprechen von sich selbst als *Charedim*. Sie beziehen sich dabei auf Jesaja 66,5 und bezeichnen sich damit als die, »die vor Gottes Wort zittern«. Auch hinter diesem Etikett verbirgt sich ein ganzes Spektrum höchst verschiedener Richtungen: alle heute noch existierenden chassidischen Gruppierungen, *Aschkenasim*, die die Tradition des osteuropäischen Schtetls ungebrochen fortzuführen versuchen, aber auch *Sephardim*, die sich in ihrer Lebensgestaltung an der Vormoderne ausrichten.

Die Ultra-Orthodoxie hat heute ihre Zentren in Israel, zum Beispiel Mea Shearim in Jerusalem oder Bne Beraq bei Tel Aviv. Hier nimmt sie über ihre politischen Vertretungen (»Agudat Israel«, die »Shas«-Partei und »Gusch Emunim«) auch maßgeblichen Einfluß auf die politischen Geschicke des Staates Israel. *Charedim* leben aber auch in den USA und in westeuropäischen Metropolen wie London, Paris oder Antwerpen. In Deutschland aktiv sind die aus der Tradition des litauischen *Chabad*-Chassidismus hervorgegangenen Lubawitscher, deren Sitz in Brooklyn ist.

Allen gemeinsam ist die völlige Hingabe des Lebens an die *Thora* in ihrer traditionellen Form. Nur in diesem Judentum der Vormoderne

Intensiv wird gelernt. Frage und Antwort, Problem und Lösung werden gemeinsam erarbeitet und gefunden.

erkennen sie das eigentliche Judentum und beanspruchen, allein mit ihrer Observanz das wahre Judentum zu vertreten. Eine solche Hingabe an die *Thora* bedeutet jedoch eine mehr oder weniger vollständige Absonderung von der Welt. Das heißt allerdings nicht, daß ultraorthodoxe Juden gegenüber der modernen Zivilisation feindselig eingestellt wären oder naturwissenschaftliche und medizinisch-technische Errungenschaften ablehnen würden.

Gerade die *Charedim* erfreuen sich in den letzten Jahrzehnten eines erheblichen Zulaufs. Zahlreiche *Jeschiwot* wurden gegründet oder erweitert, insbesondere in Israel, um dem Andrang gerecht zu werden. Gerade junge Menschen aus nicht-orthodoxen oder säkularen Elternhäusern bemühen sich um diese Form der jüdischen Bildung. Diese Bewegung der *ba'ale teschuva*, der reumütigen Rückkehrer, veranlaßt gerade junge Amerikaner, *Alija* nach Israel zu machen und dort die Reihen der ultraorthodoxen Staatsgegner zu verstärken.

Dynamisch aber gespalten

Trotz dieser Spaltung scheint sich die Orthodoxie in Amerika weiter entwickelt zu haben. Vor nur siebzig Jahren sah es danach aus, daß die Orthodoxie hier nicht würde überleben können. Noch vor zwanzig Jahren war die Orthodoxie schwach und gespalten und die Zahl der orthodoxen Juden ging so stark zurück, daß nur wenige die Überlebensdauer der Orthodoxie auf mehr als eine Generation schätzten. Doch sie hat überlebt, und heute gedeiht sie. Ihre *Jeschiwot* sind überfüllt, in ihren Synagogen drängen sich die jungen Leute und ihre Jugendseminare sind erfolgreich.

Orthodoxe Juden befolgen die rituellen Bräuche wie die *Kaschrut*-Regeln, die Gesetze des *Schabbat* und der *Mikwe* streng. Außerhalb der großen Stadtzentren wie New York oder Chicago ist Orthodoxie nahezu nicht existent. Doch in den großen Städten sind es vor allem die orthodoxen Synagogen, die am häufigsten mit Gläubigen gefüllt sind.

Es hat den Anschein, daß die Orthodoxie ihre Position innerhalb des amerikanisch-jüdischen Rahmens gefunden hat. Selbstverständlich sprechen die in Europa geborenen, ultra-orthodoxen Juden noch immer Jiddisch und leben wie in einem Schtetl, aber die Mehrheit der modernen orthodoxen Juden ist in das jüdisch-amerikanische Leben weitgehend

Ein orthodoxer Jude beim Lernen.

integriert. Innerhalb der amerikanisch-jüdischen Gesellschaft ist die Orthodoxie sehr aktiv, lebhaft und dynamisch.

Gleichzeitig wurde sie anderen jüdischen Gruppen gegenüber in den letzten Jahrzehnten zunehmend intoleranter, und sie ist immer weniger bereit, mit nicht-orthodoxen Juden zusammenzuarbeiten. Diese Trennung verstärkt möglicherweise die Gruppenidentität orthodoxer Juden, doch ist es bedauerlich, daß *Jeschiwa*-Absolventen heute weniger offen und großzügig sind, als es in früheren Jahren der Fall war. Damit wird der Zusammenhalt eines gemeinsamen Volkes in Vielfalt oft auf eine schwere Probe gestellt.

Das orthodoxe Judentum: Lehre und Praxis

Die Orthodoxie ist im allgemeinen nicht fixiert auf die Beschäftigung mit Themen der Philosophie, der systematischen Theologie oder dogmatischen Fragen. Sie scheint es mit der alten rabbinischen Weisheit zu halten, nach der wichtiger ist, was man tut, als was man glaubt. Deshalb gibt es auch nur wenige orthodoxe Gelehrte, die sich zu Bereichen der Religionsphilosophie geäußert haben. Die meisten ziehen es vor, sich mit Auslegungsfragen des jüdischen Religionsgesetzes zu beschäftigen. Bei den Fragen nach Gott, *Thora*, Sünde, der Menschheit, dem Jüdischen Volk und dem Leben nach dem Tode beziehen sie sich auf Äußerungen der mittelalterlichen Philosophen. Praktisch alle orthodoxen Gelehrten definieren das Judentum heute als eine »Religion«, die auf der *Halacha* und damit auf einem gesetzlichen Ordnungsprinzip beruht, das das Leben eines Juden vom Sonnenaufgang bis zum Sonnenuntergang, von der Geburt bis zum Tode beherrscht.

Orthodoxe Juden betrachten sich selbst als die einzig wahren Juden. Sie sind der Auffassung, andere Juden (seien es die Angehörigen der Reform-Bewegung, des konservativen Judentums, des Rekonstruktionismus, der zionistischen Bewegung oder säkulare Juden) begehen Verrat an den Geboten Gottes und verletzen die *Thora*. Andere Strömungen des Judentums sind – nach orthodoxer Ansicht – Irrwege, die zur Sünde verleiten und irgendwann von selbst verschwinden.

Gott

Die Orthodoxie vertritt die traditionelle Auffassung über Gott, wie sie in Bibel, *Talmud* und *Midrasch* zu finden ist und in den Schriften der mittelalterlichen Religionsphilosophen vermittelt wird. Gott ist die einzige Macht im Universum, er hat alles geschaffen und erhält alles am Leben. Gott ist allmächtig, allwissend und universal. Gott sieht, was wir tun und hört, was wir denken, beten und sagen. Gott weiß alles. Durch das Studium der *Thora* und durch das Halten der Gebote, der *Mitzwot*, begreifen Menschen Gottes Willen.

Wenn man aber an die Allmacht Gottes glaubt, erhebt sich schnell eine schwierige Frage: »Warum gibt es dann das Böse auf der Welt?« Heute spitzt sich die Frage noch zu: »Warum hat es die *Scho'ah* gegeben? Und wo war Gott, als sechs Millionen Juden in den Tod gingen?« Einer, der sich dazu geäußert hat, Rabbiner Eliezer Berkovits, gesteht ein, daß wir den tieferen Sinn hinter der *Scho'ah* einfach nicht erkennen können. Keinesfalls aber sind diese Menschen ermordet worden, weil sie Sünder waren. Dies zu glauben, hieße anzunehmen, Gott sei unbeschreiblich grausam. Auch wenn wir Menschen den Sinn der *Scho'ah* nicht begreifen, können wir vielleicht wenigstens Trost darin finden, daß aus dieser Tragödie des Jüdischen Volkes der Staat Israel entstanden ist.

Die Thora

Die *Thora* und ihre Bedeutung im jüdischen Leben steht im Zentrum des orthodoxen Judentums. Die Orthodoxie gründet sich auf der Aussage, daß die *Thora* das direkt geoffenbarte Wort Gottes ist, das er am Berg Sinai vor über dreitausend Jahren gesprochen hat. Ein orthodoxer Jude muß also thoratreu sein und daran festhalten, daß jedes Wort, jedes Gesetz und jedes Gebot der Bibel bindend ist, und zwar genau so, wie es die Rabbiner ausgelegt und erläutert haben. Dabei kommt der mündlichen *Thora*, also der Interpretation des biblischen Textes in der jüdischen Tradition, die gleiche Bedeutung göttlicher Offenbarung und Unantastbarkeit zu wie der schriftlichen *Thora*. Alle sechshundertdreizehn Ge- und Verbote der *Thora* haben den gleichen Stellenwert, und kein Mensch hat das Recht, das eine Gebot über das andere zu stellen. So sind also Ritualgesetze (wie zum Beispiel die Speisegebote) und Moralgesetze (wie zum Beispiel das Gebot der Nächstenliebe) von gleicher Wichtigkeit, und ein thoratreuer Jude muß beide gleich ernst nehmen und beherzigen.

Was man als orthodoxer Jude tun muß, ist also auf dieser Basis nicht schwer zu ergründen. Ist die Bibel nämlich Gottes ureigenes Wort und

Morgengebet im Kindergarten: Die Kinder beten das jüdische Glaubensbekenntnis (Sch'ma).

nicht das der Menschen, wie könnte man sich nicht an seine Gebote halten? Ähnliches gilt dann auch für die rabbinischen Auslegungen dieser Gebote, die von gleicher Verbindlichkeit sind.

Das Konzept der *Halacha* ließ viele orthodoxe Rabbiner ein Leben lang nicht los. Rabbiner Joseph B. Soloveitchik hat jeden Juden dazu aufgefordert, ein *Isch Halacha* zu werden, ein Mann des Gesetzes. Er glaubte, daß die Wichtigkeit der *Halacha* nicht bewiesen werden muß, weil sie ein Gesetz Gottes sei. Da sie unsere Gefühle und Instinkte in Zaum halte, bringe uns die *Halacha* näher zu Gott; sie lege Regeln fest, die wir aus eigenem Willen, Verlangen oder Wünschen nicht brechen können. Rabbiner Soloveitchik ist der Hinweis wichtig, daß die *Halacha* hochmodern sei und sich mit Entdeckungen und Erkenntnissen über den Menschen und die Welt beschäftigt, wie sogar mit der Erd- und Weltraumforschung durch die moderne Naturwissenschaft. Ziel der *Halacha* sei es, unser schöpferisches Tun im Universum mit der Schöpferkraft Gottes zu vereinigen.

Aber es gibt noch andere Aufgaben der *Halacha*. Rabbiner Samuel Belkin lehrte zum Beispiel, daß alle *Mitzwot* einen höheren moralischen Zweck verfolgen, auch wenn der Mensch diesen nicht immer erkennen könne. Das Verbot von Schalentieren auf dem jüdischen Speisezettel mag einfach klingen, kann aber mit einer moralischen Bedeutung verknüpft sein, die wir nicht sehen.

Rabbiner Emanuel Rackman war der Meinung, daß die Arbeitsverbote an *Schabbat* und Feiertagen uns lehren sollen, die Natur nicht auszubeuten – wenigstens an diesen besonderen Tagen, an denen wir nach Harmonie mit der Natur streben.

Nach Rabbiner Eliezer Berkovits lehrt die *Halacha*, weniger selbstbezogen zu leben, und die Instinkte und Gelüste zu zügeln. Sie zeige den Weg auf, eine Hilfe für andere zu sein und Gott näherzukommen.

Ultra-orthodoxen Rabbinern gehen solche Erläuterungen der Sinnhaftigkeit von *Halacha* schon zu weit. Für sie reicht es zu wissen, daß diese Gesetze den Willen Gottes widerspiegeln. Das allein sei Grund genug, das Religionsgesetz zu ehren und ihm zu folgen.

Kann das Religionsgesetz verändert werden oder bleibt es für immer gleich? Ultra-orthodoxe Juden bestehen darauf, daß die Gesetze niemals geändert werden können. Gelegentliche Neuinterpretationen stünden außerdem nur den *Gedole ha-Dor* zu, den größten Weisen und Gelehrten in jeder Generation.

Dagegen ist man in der Neo-Orthodoxie durchaus der Meinung, daß die *Halacha* einen bestimmten Auslegungsspielraum eröffne und daß

Experten durch kluge Interpretation neue Lösungswege für Probleme erarbeiten könnten. Rabbiner Leo Jung zum Beispiel war der Meinung, daß ein orthodoxes *Bet Din*, ein Rabbinatsgericht, die Befugnis hat, im Notfall besondere Regelungen zu erlassen und für neuartige Situationen das Religionsgesetz auch spezifisch auszulegen. Andere, einschließlich Rabbiner Rackman, kritisieren an ihren Kollegen, daß manche orthodoxen Rabbiner sich zu häufig in ihren Studien verlören und deswegen den Kontakt zur realen Welt aufgegeben hätten. Wenn orthodoxe Rabbiner menschliche Probleme lösen sollten, müßten sie sich in ihre Gemeindemitglieder hineinfühlen können, deren Leben verstehen und die Gesellschaft, in der sie leben.

Auch Rabbiner Berkovits steht den orthodoxen Gelehrten höchst kritisch gegenüber, die sich in ihre »Elfenbeintürme« zurückziehen und die realen Bedürfnisse ihrer Anhänger vernachlässigen. Er vertrat stets die Überzeugung, daß das jüdische Gesetz sich über die vielen Jahre seines Bestehens geändert und entwickelt hat und daß einige Gesetze aus ethischen oder sogar wirtschaftlichen Gründen an Bedeutung verloren haben, während neue Gesetze hinzugefügt wurden, um so neuen Bedürfnissen zu entsprechen. Er fordert die orthodoxen Juden dazu auf, zu einem »authentischen Judentum« zurückzukehren, indem sie sich ehrlich und mutig mit aktuellen Problemen wie den Rechten der Frau, der Geburtenregelung oder der Autopsie beschäftigen. Berkovits ist damit einer der bedauerlich wenigen mutigen orthodoxen Befürworter einer Gleichberechtigung der Frau.

Es sollte deutlich geworden sein, daß orthodoxe Rabbiner und Gelehrte, die sich streng an der *Halacha* orientieren, dieses Thema auf verschiedene Weise angehen. Die Ultra-Orthodoxen begnügen sich damit, alles so zu lassen, wie es scheinbar immer schon war. Andere streben nach moderaten Veränderungen und Entwicklung in mancher Hinsicht, jedoch unter der Führung von Rabbinern und Gelehrten. Sogar Autoritäten wie die zwei Oberrabbiner Israels, Shlomo Goren und Ovadjah Joseph, haben schon *halachische* Entscheidungen gefällt, die nicht der herrschenden Meinung der Tradition entsprachen.

Das gleiche gilt für Amerika, wo der Lubawitscher Rebbe und der orthodoxe Halachist Rabbiner Moshe Feinstein in Fragen wie der Geburtenregelung zutiefst kontroverse Ansichten vertraten. Hauptursache für diese Meinungsverschiedenheiten ist zweifellos das Fehlen einer zentralen Rabbinerorganisation oder eines *Sanhedrin*, eines Obersten Gerichtshofs, in der heutigen Orthodoxie.

Eines haben alle orthodoxen Gruppierungen trotz der Unterschiede in Perspektive und Vorgehen gemeinsam: alle orthodoxen Rabbiner und Gelehrten, und theoretisch alle orthodox-jüdischen Männer und Frauen, akzeptieren die *Halacha*, das jüdische Gesetz, als ihre Leitlinie für ein religiöses Leben im Alltag und als Gottes Wort.

Das Jüdische Volk

In der Vorstellung orthodoxer Juden spielt der Gedanke, das auserwählte Volk zu sein, eine besondere Rolle. Viele Gebete in den Gottesdiensten, während des *Schabbat* und an Feiertagen verleihen diesem Glauben Ausdruck. Eines der bekanntesten ist das Gebet, das eine Person spricht, die mit einem Aufruf zur *Thora*-Lesung ausgezeichnet wird. Dort dankt man Gott dafür, daß »er uns aus allen Völkern auserwählt hat«. Wenige glauben, diese Worte bedeuteten, Juden seien besser als Nichtjuden. Die gängige Auffassung ist, daß die Juden eine heilige Nation, ein Königreich von Priestern und ein »Licht unter den Nationen« sind und daß es deswegen ihre Pflicht sei, Gott zu dienen, die *Thora* Gottes zu studieren und zu lehren, Gottes Wort unter den Völkern Gehör zu verschaffen, und vor allem nach einem höheren ethischen, rituellen und religiösen Standard zu leben. Ob dieser Gedanke in der Praxis weite Durchsetzung erfährt, ist schwer zu entscheiden. Dennoch würde kein orthodoxer Rabbiner die Vorstellung vom »auserwählten Volk« in Zweifel ziehen oder gar aus der Liturgie entfernen wollen.

Das Land Israel

Das Land Israel, *Eretz Jisraël*, war für das Jüdische Volk immer von hoher Bedeutung. Die Orthodoxie verehrt Israel als das Heilige Land. Fast alle orthodoxen Juden hoffen, daß der moderne Staat Israel nach den Grundsätzen der *Thora* regiert wird und daß die *Halacha* die Richtlinien für staatliches Handeln bietet. Über die Tatsache, daß Israel als politische Einheit überhaupt entstanden ist, gibt es jedoch geteilte Ansichten.

Die ultra-orthodoxe Minderheit betrachtet den modernen Staat und die Regierung Israels sehr kritisch. Während sie leidenschaftlich an *Eretz Jisraël* als religiöser Bestimmungsgröße festhält, ist sie nicht der Meinung, daß säkulare, nichtreligiöse Juden das Recht haben, einen jüdischen Staat zu errichten. Die Bewegung besteht darauf, daß ausschließlich dem Messias, dem von Gott gesandten Erlöser, dieses Recht zukomme. Die Ultra-Orthodoxie vertraut darauf, daß Gott zu gegebener Zeit die Jüdische Nation im Heiligen Land wieder errichten wird, gegründet auf dem Religionsgesetz und der *Thora*. Alle Versuche, dieses Ziel jetzt zu erreichen, seien dagegen voreilig und wahrscheinlich sogar sündhaft. Deswegen weigern sich einige ultra-orthodoxe Gruppierungen sogar, den Staat Israel überhaupt anzuerkennen, oder lehnen ihn öffentlich ab. Andere leben in Israel, erkennen aber die staatlichen Institutionen im Land nicht an.

Die Mehrheit der orthodoxen Juden ist jedoch sehr froh darüber, daß der Staat neu gegründet wurde. Viele haben sich dort seit 1948 niedergelassen und in Israel *Jeschiwot*, Schulen (einschließlich der »Bar-Ilan University«), Krankenhäuser und Wohnbauprojekte initiiert. Orthodoxe Juden, die im »Mizrachi« organisiert sind, betrachten die beiden Oberrabbiner Israels als religiöse Autorität.

In Amerika und in Israel fordern orthodoxe Juden immer wieder ein, daß der Staat Israel der *Thora* und den *Mitzwot* Geltung verschaffen müsse. Rabbiner Soloveitchik zum Beispiel sah Israel als Mittel zu einem höheren Zweck. Seiner Meinung nach erfüllt sich in Israel die Bestimmung des Volkes der *Thora*. Der Lubawitscher Rebbe behauptete, daß Israel, wenn es denn ein jüdischer Staat sein wolle, so regiert werden müsse, daß es das Zeitalter des Messias näherbringen kann, also in Übereinstimmung mit den Gesetzen der *Thora*. Der Rebbe hat die Befürchtung geäußert, daß Israel als weltlicher Staat die dort heranwachsenden Juden der Vergangenheit des Jüdischen Volkes entfremden könnte und sie damit von den ewigen Wahrheiten des Judentums abschneide.

Orthodoxe Juden fordern deshalb, daß die *Thora* mindestens einen Teil der Verfassung des Staates Israel bilden solle, daß *Schabbat*- und Speisegesetze das öffentliche Leben bestimmen und aus diesem Grund an *Schabbat* und Feiertagen keine öffentlichen Verkehrsmittel fahren dürfen, daß nur Ehen als gültig betrachtet werden, die vor orthodoxen Rabbinern geschlossen wurden und daß jüdischer Religionsunterricht Unterrichtsfach an allen öffentlichen Schulen sein müsse. Die Orthodoxie steht nichtorthodoxen jüdischen Gemeinden in Israel sehr negativ gegenüber und versucht auf vielfältige Weise, die freie Religionsausübung progressiver Juden zu behindern. Die Amtshandlungen in Israel tätiger konservativer, liberaler und rekonstruktionistischer Rabbiner werden nicht anerkannt. Gemeindegründungen werden behindert, man versucht die Vertretung nicht-orthodoxer Juden in den religiösen Beiräten der Kommunen zu unterbinden und schreckt auch vor tätlichen Angriffen nicht zurück. 1998 ging sogar ein progressiver jüdischer Kindergarten in Flammen auf. Zwar erklärt der Oberste Gerichtshof von Israel diese Versuche der Diskriminierung regelmäßig für verfassungswidrig. Da die orthodoxe Minderheit in Israel aber politisch das Zünglein an der Waage darstellt, gelingt es ihr immer wieder, gegen sie ergangene Urteile zu umgehen.

Die jüdische Gemeinschaft

Die Ultra-Orthodoxie vermeidet es weitgehend, mit nicht-orthodoxen jüdischen Gruppierungen zusammenzuarbeiten. Das hat verschiedene Gründe. Erstens betrachten ultraorthodoxe Juden die Mitglieder der progressiven Strömungen als Häretiker und Nichtgläubige, die gemieden und aus der jüdischen Gemeinschaft ausgeschlossen werden sollten. Zweitens glauben sie, daß die Zusammenarbeit mit nicht-orthodoxen Juden bedeuten würde, daß man deren Recht auf Existenz oder gar deren religiöse Gleichberechtigung anerkennen würde. Darüber hinaus haben sie begründete Bedenken, überall außerhalb Israels von der nicht-orthodoxen Mehrheit überstimmt zu werden, wenn sie als Minderheit an gemeinsamen Aktivitäten teilnehmen.

Aus diesen Gründen haben mehrere Führer der Orthodoxie, einschließlich des Lubawitscher Rebben, ihren Anhängern die Mitgliedschaft in Dachorganisationen wie dem »New York Board of Rabbis« und dem »Synagogue Council of America« untersagt, da nicht-orthodoxe Rabbiner und Laien diesen Organisationen ebenfalls angehören.

Doch verfährt die orthodoxe Welt auch hier nicht einheitlich, und aufgeschlossene orthodoxe Kräfte haben versucht, mit ihren nicht-orthodoxen jüdischen Nachbarn möglichst gut zusammenzuarbeiten. Das betrifft vor allem Bereiche der Wohlfahrt sowie der Unterstützung Israels und der russischen Juden. Weil aber nach orthodoxem Verständnis viele mögliche gemeinsame Projekte und Aktivitäten nun einmal rituelle und religionsgesetzliche Fragen berühren, nimmt in den letzten Jahren die

Bereitschaft zu solcher Zusammenarbeit ebenfalls rapide ab. Dies könnte der tragische Anfang einer neuen separatistischen Einstellung sein, in der sich die Orthodoxie von der jüdischen Gemeinschaft abkoppelt.

Nur sehr wenige orthodoxe Rabbiner oder Laien beschäftigen sich mit aktuellen wirtschaftlichen, sozialen und politischen Problemen der Gesamtgesellschaft wie der Bürgerrechtsbewegung, der internationalen Arbeit für Frieden, Gerechtigkeit und Bewahrung der Schöpfung. Ein Grund für diese Zurückhaltung ist, daß sich orthodoxe Juden nicht als Teil der modernen Gesellschaft verstehen. Ihr Hauptaugenmerk liegt auf der Organisation eigener Prioritäten, zum Beispiel des *Thora*-Studiums, der *Kaschrut* und der Ermöglichung, die *Halacha* einzuhalten. Deshalb vermeiden sie oft einen zu engen Austausch mit der sie umgebenden Gesellschaft.

Einige aufgeschlossene orthodoxe Rabbiner sind darüber enttäuscht, daß orthodoxe Juden sich nicht ausreichend an der Bewältigung der sozialen Probleme beteiligen, denen die jüdische Gemeinschaft gegenübersteht. Rabbiner Leo Jung zum Beispiel beschuldigte seine orthodoxen Kollegen, der Forderung der *Thora* nach Wahrung der sozialen Gerechtigkeit nicht genügend Aufmerksamkeit zu widmen. Rabbiner Emanuel Rackman hat orthodoxe Juden aufgefordert, sich um die Bedürfnisse notleidender Völker zu kümmern und ihre Aufmerksamkeit auf die dringenden Probleme der modernen Gesellschaft zu richten.

Interreligiöse Aktivitäten

Die meisten orthodoxen Rabbiner stehen einem Dialog mit anderen Religionen sehr negativ gegenüber. Sie betrachten solche Diskussionen und Debatten als weitestgehend sinnlos und befürchten, daß solche Gelegenheiten zur Mission unter Juden ausgenutzt würden. Rabbiner Soloveitchik schlug einen Mittelweg vor: Es sei angemessen, wenn Juden und Nichtjuden in nichtreligiösen Angelegenheiten zusammenarbeiteten. Dies in theologischen oder religiösen Belangen zu versuchen, sei aber absurd. Zu groß seien die Unterschiede und ihre Unüberbrückbarkeit mache einen Dialog sinnlos. Jede Zusammenarbeit erfordere außerdem die Anerkennung des Judentums als gleichwertiger Religion und die Aufgabe antijüdischer Stereotypen und unsensibler Lehraussagen von Seiten des nichtjüdischen Partners.

Religiöse Praxis

Das orthodoxe Judentum ist ein allumfassendes System von Geboten, wie sie in Bibel und *Talmud* festgelegt sind und im *Schulchan Aruch* kodifiziert wurden. Ein bewußter orthodoxer Jude befolgt die *Mitzwot* vom Augenblick des Erwachens am Morgen bis zum Moment des Einschlafens in der Nacht.

Die strikte Befolgung der *Mitzwot* bildet die Grundlage des orthodox-jüdischen Lebens. Ein orthodoxer Mann muß von einem *Mohel* den Vorschriften gemäß beschnitten werden. Die Frau bekommt ihren Namen in der Synagoge, in der Regel am ersten *Schabbat* nach ihrer Geburt. Die Kinder müssen eine gute, intensive jüdische Ausbildung bekommen, vorzugsweise in einer *Jeschiwa* oder Tagesschule, die den Schwerpunkt auf die religiösen Fächer legt. Mit dreizehn Jahren wird ein jüdischer Junge *Bar-Mitzwa* in der Synagoge. Die *Bat-Mitzwa* für orthodoxe Mädchen ist äußerst selten. Von orthodoxen jungen Männern oder Frauen wird ver-

Unter der Chuppa, dem Trau-Baldachin, spricht der Bräutigam seine Gebete, während die tief verschleierte Braut von der Schwiegermutter sieben Mal um ihn herumgeführt wird.

Eine Beschneidung in der Synagoge. Der Mohel, der Beschneider, muß dazu rituell und medizinisch befähigt sein. Er braucht aber nicht Arzt zu sein. Die Beschneidung wird von verschiedenen Segenssprüchen begleitet.

langt, daß sie ihren Ehepartner innerhalb des thoratreuen Judentums suchen, nach den jüdischen Ehegesetzen heiraten, und daß ein orthodoxer Rabbiner bei der Trauung amtiert. Orthodoxe Juden betrachten Mischehen mit nichtjüdischen Partnern als sündhaft und lehnen eine bevorstehende Eheschließung auch als unlauteren Grund für einen Übertritt ab. Sollte die Ehe scheitern, müssen die Partner eine jüdische Scheidung durch Übergabe des Scheidebriefs, *Get*, an die Frau in die Wege leiten. Nur der Ehemann kann die Scheidung herbeiführen. Ein orthodoxer Rabbiner wird einen Juden, der einmal verheiratet war und keinen *Get* beibringen kann, nie wieder trauen. Wenn ein orthodoxer Jude stirbt, bereitet ihn die *Chewra Kadischa* (eine »Heilige Bruderschaft« von Gemeindemitgliedern) auf seine Bestattung nach dem Religionsgesetz vor: der Tote wird rituell gewaschen, in schlichtes Leinen gehüllt und schließlich in einen einfachen Sarg gelegt. Trauernde zerreißen ihre Kleidung als Zeichen ihres Schmerzes, *Keria*, halten eine Trauerzeit von sieben Tagen ein, in der sie nicht arbeiten, *Schiw'a* genannt, nach dem hebräischen Wort für »sieben«, und keine öffentlichen Vergnügungen

Vor der Bar-Mitzwa lernt ein Junge, wie er die Gebetsriemen legen muß.

besuchen. Ist der Verstorbene ein Elternteil, beten die Hinterbliebenen elf Monate lang täglich das *Kaddisch*, bei anderen Verwandten oder Freunden dreißig Tage lang.

An jedem Türpfosten eines orthodox-jüdischen Hauses ist eine *Mesusa* angebracht, eine kleine Kapsel mit Textstellen der *Thora*. Sie soll die Familie daran erinnern, daß Gott Einzig ist und dieses Haus von der Freude an seinen Geboten erfüllt sein soll. Die Männer bedecken zu jeder Zeit ihren Kopf mit einer *Kippa* oder einem Hut, als Zeichen der Ehrerbietung vor Gott. Verheiratete Frauen verhüllen ihr Haar mit einem Kopftuch oder tragen – über dem geschorenen Haupthaar – eine Perücke, *Scheitl*, als Zeichen ihrer Demut. Die Männer beten dreimal am Tag, tragen dabei jeden Morgen den Gebetsschal, *Tallit*, und werktags die Gebetsriemen, *Tefillin*. Jeder orthodoxe Jude versucht, täglich die *Thora* zu studieren. Orthodoxe Juden nehmen nur *koscheres* Essen zu sich, mischen also nie Milch und Fleisch und achten darauf, daß sie zum *Pessachfest* kein Brot oder andere vergorene Lebensmittel essen. Vor und nach jeder Mahlzeit werden Segenssprüche gesprochen. Von einer orthodoxen Frau wird erwartet, daß sie einen *koscheren* Haushalt führt, am

In einer koscheren Schlachterei: Von der Thora verbotene Sehnen und Fettstücke werden entnommen. Durch Salz wird alles Blut entfernt, dessen Genuß nach der Bibel strikt verboten ist.

Schabbat und an den Festtagen Lichter zündet und nach Abklingen der Monatsperiode das rituelle Bad, *Mikwe*, aufsucht.

Orthodoxe Juden legen großen Wert darauf, den *Schabbat* und andere Feiertage umfassend einzuhalten. Sie werden am *Schabbat* nicht arbeiten, schreiben, rauchen, fahren oder Gegenstände aus dem Haus tragen – und sei es auch nur ein Taschentuch. Sie hören weder Radio, noch schalten sie das elektrische Licht oder das Fernsehgerät ein, um keinen Funken zu erzeugen. Während des *Sukkot*-Festes bauen sie zu Hause eine *Sukka*. Am *Jom Kippur* und an anderen heiligen Fastentagen fasten sie.

Sukkot in der Männerabteilung der Synagoge. Lulaw und Etrog verweisen auf den Erntedank-Charakter des Festes.

Orthodoxe Juden beten nur in einer orthodoxen Synagoge. Dort sitzen Männer und Frauen getrennt. Eine Zwischenwand oder ein Vorhang, *Mechitza*, stellt sicher, daß die Betenden vom anderen Geschlecht nicht abgelenkt werden. Der Gottesdienst ist fast völlig auf hebräisch. Allerdings wird in neo-orthodoxen Gemeinden die Landessprache für die Predigt und einige wenige Gebete verwendet. Grundlage des Gottesdienstes ist das orthodoxe Gebetbuch, *Siddur*, von dem keine Änderungen und Abweichungen zulässig sind. Musikalische Begleitung und gemischter Chorgesang ist an *Schabbat* und Feiertagen strikt verboten.

Orthodoxe Juden haben sich seit Jahrhunderten gegen eine Änderung von Liturgie und Gottesdienst gewandt. Ihrer Ansicht nach äffen die Änderungen des progressiven Judentums das Christentum nach. Deshalb werten sie jeden Wandel als Zeichen der Assimilation und Verwässerung des »normativen« Judentums.

In anderen Bereichen des religiösen Lebens haben einige aufgeschlossene orthodoxe Gemeinden jedoch neue Ideen aufgegriffen. Sie errichteten zum Beispiel Gemeindezentren mit Arbeitskreisen zu verschiedensten Themen, mit Jugendveranstaltungen und Sportaktivitäten. Gerade die Lubawitscher Bewegung ist hier sehr aktiv und hat in manche Gemeinde viel Schwung – unter orthodoxem Vorzeichen – gebracht.

In der orthodoxen Bewegung spielen Frauen während der Gottesdienste in der Synagoge so gut wie keine Rolle. Obwohl sich die meisten damit zufrieden geben, wünschten sich einige Frauen mehr Möglichkeiten, am Gottesdienst aktiv beteiligt zu sein. Die Folge war, daß einige orthodoxe Synagogen eine Art *Bat-Mitzwa*-Zeremonie für Mädchen geschaffen hatten, obwohl dies ohne Grundlage in der Tradition ist. Frauen beten auch unter sich in speziellen Frauen-*Minjanim* und lesen aus der *Thora*. Auch in anderen Bereichen des jüdischen Lebens wurden Forderungen erhoben. Nach traditionellem Gesetz kann eine Frau zum Beispiel nicht erben, wenn noch Männer in der Familie sind. Sie kann vor einem religiösen Gericht auch keine Zeugin sein. Im Fall einer Scheidung ist sie passiv darauf angewiesen, daß der Ehemann den Scheidebrief gewährt. Einige orthodoxe Frauen setzen sich vehement dafür ein, daß sich diese Regeln ändern. Die Frauenbewegung wird also auch im orthodoxen Judentum spürbar stärker. Orthodoxe Frauenkreise formieren sich und setzen Signale für Veränderung. Aber der Erfolg dieser Ansätze ist denkbar mäßig.

Im Alltagsleben wird von einem orthodoxen Juden erwartet, daß er seine Geschäfte und sein berufliches Leben nach jüdischem Gesetz und jüdischer Moral führt. Einer der vier Teile des *Schulchan Aruch* handelt sogar vom Umgang im Berufsleben. Ein gläubiger Jude darf nicht betrügen, stehlen oder lügen. Er muß sein Wort halten. Er darf keinen Zins auf Darlehen verlangen. Angestellte muß er pünktlich auszahlen. Er darf einem Kunden nie zu wenig Wechselgeld herausgeben oder beim Abwiegen von Produkten mogeln. Er hat den Armen gegenüber wohltätig zu sein und Kranken und Älteren zu helfen. Während die meisten orthodoxen Juden diese ethischen Regeln respektieren, liegt doch das Schwergewicht auf den rituellen Geboten. Die Orthodoxie verlangt von einem Juden jedoch, daß er alle *Mitzwot* gleichermaßen befolgt. Sie lehrt also, daß ethische Regeln genauso wichtig sind wie religiöse Rituale.

Zusammengefaßt bedeutet dies: das Leben eines orthodoxen Juden ist anspruchsvoll und erfordert völlige Hingabe und Aufopferung. Der Kern des orthodoxen Judentums ist die Befolgung der *Mitzwot*. Ein wahrer orthodoxer Jude versteht sein Leben als Gottesdienst und widmet sich intensiv der *Thora* und der Befolgung der Gesetze Gottes.

Jüdische Mystik und Chassidismus

Ein kurzer Einblick

Heutzutage bringen Juden ihren Glauben in einer überraschenden Vielfalt zum Ausdruck. Könnten große Persönlichenkeiten der Vergangenheit – zum Beispiel Mose, Raschi, oder Maimonides – dies sehen, wären sie schockiert. Noch nie waren sich jüdische Gelehrte so uneins über grundlegende Vorstellungen und Werte, Bräuche und Rituale wie in den letzten beiden Jahrhunderten. Ein Jude kann heute nicht nur zwischen den vier großen jüdischen Strömungen wählen. Neben ihnen gibt es verschiedene kleinere Gruppierungen. Dabei handelt es sich nicht um wirklich eigenständige Bewegungen; vielmehr sind es Gruppen, die im Rahmen der größeren Strömungen existieren. Da es in dieser Darstellung um ausschließlich religiöse Richtungen im Judentum geht, werden Bewegungen wie der Zionismus oder das säkulare Judentum hier nicht dargestellt. Es ist jedoch lohnend, zwei andere religiöse Gruppierungen kurz anzusprechen: die Mystik und den Chassidismus.

Die Mystik

Die Mystik ist keine moderne Erscheinung des Judentums. Im Mittelalter kannte man sie als *Kabbala*. Sie war in kleinen Gelehrtenzirkeln über viele Länder verbreitet. Vor zweihundert Jahren übernahm der Chassidismus in Polen, Galizien und Österreich viele kabbalistische Vorstellungen und sorgte für deren allgemeine Verbreitung. Doch die Mystik hielt sich auch unabhängig vom Chassidismus und neben dem Mainstream orthodoxen Judentums.

Die Mystik lehrt, man könne Gott durch innere Erfahrungen und persönliche Begegnungen erkennen. Solche Erfahrungen seien schwer in Worte zu fassen – sie müßten gemacht werden. Dies sei jedoch nicht jedem möglich: zuerst müsse man sich auf diese Erfahrung vorbereiten. Die Vorbereitung besteht im Studium von Texten, besonderen Meditationsübungen sowie dem Unterricht bei anderen Mystikern.

Mit dem zunehmenden Interesse an fernöstlichen Religionen, in denen häufig mystische Erfahrungen im Zentrum stehen, wuchs neues Interesse an der Mystik, vor allem unter Jugendlichen und jungen Erwachsenen. Möglicherweise spielen auch andere Gründe – genuin jüdische – eine Rolle. Die schrecklichen Kriege der letzten Jahrzehnte, die

Scho'ah, die Agonie eines fortdauernden Antisemitismus und die Ungewißheit jüdischen Lebens im 20. Jahrhundert raubten vielen Juden den Glauben an Rationalismus, die Anwendung von Logik und Vernunft, Wissenschaft und traditionelle Glaubensinhalte. Einige verloren den Glauben an die Menschheit und sind der Meinung, die Wahrheit sei nur noch in der mystischen Erfahrung zu finden. Manche suchen sich geistige Führer, starke religiöse Persönlichkeiten, von denen sie sich Führung und letztgültige Lösungen für ihre Probleme erhoffen.

Auch Wissenschaftler widmeten sich der Mystik. Wichtige jüdische Philosophen, zum Beispiel Martin Buber, Gershom Scholem und Abraham Joshua Heschel, erforschten Geschichte und Schrifttum der jüdischen Mystik und machten sie durch ihre Werke Juden und Christen in aller Welt zugänglich. Die Denkansätze Bubers und Scholems sind bekannt; auf Heschel wollen wir im folgenden näher eingehen.

Abraham Joshua Heschel

Der herausragendste und besonders geschätzte Lehrer mystischen Denkens war Professor Abraham Joshua Heschel. Er stammte aus einer berühmten chassidischen Familie, studierte in Polen und Deutschland und unterrichtete bis zu seinem Tod im Jahr 1972 am »Jewish Theological Seminary«. Obwohl er als »konservativ« galt, gründeten sich seine Deutungen des Judentums auf die Mystik und beeinflußten alle jüdischen Bewegungen. Heschel schrieb einen anmutigen, poetischen Stil. Er definierte das Judentum als Antwort auf die wichtigsten Fragen und das Geheimnis des Lebens.

»Die jüdische Geschichte hat uns gelehrt, daß ein Mensch, wenn er nicht übermenschlich ist, untermenschlich ist. Das Judentum versucht zu zeigen, daß, um ein Mensch zu sein, man mehr sein muß als ein Mensch, und um ein Volk zu sein, mehr sein muß als ein Volk. Aus Israel wurde ein ›heiliges Volk‹. Das war sein Hauptverdienst. Das Judentum stellt eine Verbindung zur Ewigkeit, eine Verwandtschaft zur letzten Wirklichkeit dar.«

Heschel zufolge ist das Judentum eine Religion der Zeit, nicht des Raums. Ereignisse in der Zeit, zum Beispiel der *Schabbat* oder die *Bar-Mitzwa*, seien wichtiger als Orte oder Gebäude. Heschel war davon überzeugt, daß es weniger darauf ankommt, einem Glaubensbekenntnis oder einer Liste von Glaubensartikeln zu folgen, sondern vielmehr darauf,

Abraham Joshua Heschel (1907 – 1972).

aus der Tiefe des Seins heraus zu glauben und die Forderungen des Judentums zu akzeptieren, einschließlich des Glaubens an Gott, die *Thora* und Israel.

Es sei unnötig und unmöglich, Gottes Existenz zu beweisen. Ganz im Geist der Mystik lehrte Heschel, daß die Macht Gottes im Geheimnis der Natur und der Geschichte erfahren werden könne, im Sternenhimmel und in der moralischen Ordnung auf der Erde. Dieses mystische Gefühl brauche nicht laut geäußert zu werden. Es reiche, wenn wir von ihm ergriffen sind. Wir sollten nicht erwarten, die Wirklichkeit Gottes vollständig zu verstehen, doch wir könnten uns Gott nähern durch unsere Gebete, durch das Studium der *Thora* Gottes und durch die Beachtung der *Mitzwot* Gottes.

Heschel beachtete die *Mitzwot*, doch tat er dies nicht in einer orthodoxen Art und Weise. Er mißbilligte jene Orthodoxen, die die *Mitzwot* mechanisch ohne Herz und Seele befolgten und aus dem jüdischen Gesetz ein Übermaß an Verboten und »Du-sollst-nicht«-Vorschriften gemacht hatten. Seiner Meinung nach war es verkehrt zu glauben, im Judentum gehe es lediglich darum, was wir tun sollten. Vielmehr verlange das Judentum von uns hauptsächlich, ein heiliges Volk zu sein. Es fordere also, daß Juden *Kawana*, Spiritualität, und eine bestimmte Denkweise – über eine Lebensweise hinaus – entwickeln. Heschel nahm dazu den *Schabbat* als Beispiel:

»Vielleicht ist der *Schabbat* das Element, das für das Judentum am meisten kennzeichnend ist.

Was ist der *Schabbat*? Eine Erinnerung an die besondere Würde des Menschen; eine Abschaffung der Trennung zwischen Herr und Sklave, Arm und Reich, Erfolg und Versagen. Den *Schabbat* zu feiern heißt, die letzte Unabhängigkeit von der Zivilisation und der Gesellschaft, der Leistung und der Angst zu erfahren. Der *Schabbat* ist die Verkörperung der Überzeugung, daß alle Menschen gleich sind und daß die Gleichheit der Menschen die Würde der Menschen bedeutet. Die größte Sünde des Menschen ist zu vergessen, daß er ein Königssohn ist.

Der *Schabbat* ist eine Garantie dafür, daß der Geist größer ist als das Universum, daß sich jenseits des Guten das Heilige befindet. Das Universum wurde in sechs Tagen geschaffen, aber die Klimax der Schöpfung war der siebte Tag. Die Dinge, die in den sechs Tagen entstanden, sind gut, aber der siebte Tag ist heilig. Der *Schabbat* ist die Heiligung in der Zeit.«

Alle Mystiker gehen davon aus, daß das, was wir auf der Erde tun, Einfluß auf die Geschehnisse im Himmel hat. Heschel lehrte, Gott habe uns ebenso nötig wie wir ihn. Die Offenbarung, die Gabe des Gesetzes und der Bundesschluß am Sinai seien einmalige Ereignisse – ein Dialog zwischen Gott und seinem Volk. Nun dürften die Menschen nicht davon ablassen, Gottes Worte zu deuten, die *Halacha* und die *Mitzwot* weiterzuentwickeln.

Heschel schrieb außerdem viel über das Gebet, denn er als Mystiker legte großen Wert auf das Beten. Es war ihm bewußt, daß das Reden zu Gott im Gebet viele Menschen in Verlegenheit bringt, doch er lehrte, daß Gott auf Gebete hört und wir lernen müßten, beim Beten unserer inneren Stimme zu vertrauen. Es dürften nicht andere für uns beten. In seiner letzten öffentlichen Äußerung forderte er Jugendliche und junge Erwachsene über das Fernsehen auf, ihr Bewußtsein für die Geheimnisse des Lebens zu schärfen, heilige Momente zu feiern und die Freude auszudrücken.

Heschel bezeichnete das Jüdische Volk als »heiliges Volk«, das den Auftrag habe, mehr als nur ein Volk zu sein. Es müsse sich als religiöser Orden verstehen. Er war dem Land Israel tief verbunden und schrieb darüber wie einst die Kabbalisten: »Das wiedererstandene Israel ist heilig«. Es gebe ein mystisches Band zwischen dem wiedererwachenden Judentum und seinem Land *Eretz Jisraël.* »Es kann keine Ganzheitlichkeit geben außerhalb Israels«.

Doch Heschel war nicht nur Mystiker. Seine Mystik schloß ein aktives Interesse an den Fragen unserer Zeit ein. Er übte Kritik am Rassismus, nannte ihn einen »Seelenkrebs«, und demonstrierte zusammen mit Martin Luther King für die Bürgerrechte der Afroamerikaner. Er warnte davor, die Religion zu einer formalen Institution zu machen, die den einzelnen Menschen aus den Augen verlieren könnte. Es sei falsch, sich nicht um das Schicksal anderer zu kümmern. Heschel befürwortete den Dialog und interreligiöse Gespräche und war einer der Ratgeber des Vatikans bei den Bemühungen der katholischen Kirche, zu einer neuen Einstellung zum Judentum zu finden. Heschel gründete keine eigene jüdische Bewegung, aber er führte mystische Vorstellungen und chassidisches Gedankengut ein. Auch christliche Theologen griffen seine Reden und Schriften auf. Das Judentum wird seinen Einfluß noch lange spüren.

Mystik heute

Gerade in unseren Tagen findet sich ein beachtliches Interesse an Mystik. In der Regel bleiben Mystiker Mitglieder einer der vier religiösen Strömungen und versuchen nicht, sich in einer eigenständigen Bewegung zu sammeln. Vielleicht liegt dies daran, daß die mystische Erfahrung etwas zutiefst Persönliches ist, das man in einer Gruppe ohnehin nicht beschreiben oder verstehen könnte. Dies ist einer der Gründe, weshalb ein guter Einstieg in die mystische Erfahrung die Lektüre von Heschel ist, der seine Mystik schrieb, redete und lebte.

Der Chassidismus

Der Chassidismus begann mit Baal Schem Tow, der im 18. Jahrhundert in Osteuropa lebte. Er wurde recht schnell zu einer größeren Bewegung, fast einer Massenbewegung. Bis zum Zweiten Weltkrieg stieg die Zahl der Mitglieder derjenigen, die sich zum Chassidismus zählten, in Osteuropa ununterbrochen an. Im Laufe der Jahre teilte sich die ursprüngliche chassidische Bewegung in verschiedene kleinere Gruppen.

Jede von ihnen verehrte einen *Zaddik* oder »Heiligen« und war davon überzeugt, daß ihr *Zaddik* kompetenter als alle anderen war. Der Chassidismus übernahm viele Vorstellungen der mittelalterlichen Mystik, die er ungebildeten und unterdrückten Juden in einer leicht verständlichen Form durch Legenden und Geschichten vermittelte. Bis heute üben diese Geschichten, die viel Nützliches und Inspirierendes enthalten, große Faszination aus. Die jede Askese ablehnende Gottesfreudigkeit der Chassidim hat ihre Wurzel in einer inneren Begeisterung, die sich in der Ekstase bis zur völligen Entpersonalisierung steigern kann. Diese Ekstase durchdringt das Dasein des Chassiden bis in die Alltäglichkeit des äußeren Lebens, das er als Gottesdienst vollzieht.

Zentren des Chassidismus sind heute die Vereinigten Staaten und Israel. Im Grunde kann der Chassidismus nicht als eine einzelne Strömung betrachtet werden; er ist eine Gruppe von kleinen Bewegungen, die jeweils ihre eigenen Überzeugungen und Lehren haben. Ursprünglich als charismatische Gegenbewegung gegen die trockene *Talmud*-Gelehrsamkeit der litauischen *Mitnagdim* des Gaon von Wilna gegründet, verlor sich ihr Non-Konformismus direkten Glaubenserlebnisses schnell und

Ein alter Chassid in Mea Shearim.

wich einem Schulterschluß mit dem orthodoxen Mainstream. Um den heutigen Chassidismus zu begreifen und seine derzeitige Situation zu verstehen, betrachtet man am besten die Lubawitscher, die ihren Sitz im New Yorker Stadtteil Brooklyn haben. Sie sind mit »Missionsstationen« auf der ganzen Welt vertreten und auch in Deutschland aktiv.

Der Lubawitscher Rebbe

Die Lubawitscher sind weltweit die größte chassidische Strömung. Sie entstand um 1800 in Rußland. Der Lubawitscher Chassidismus ist die intellektuellste der chassidischen Gruppen. Sein Motto ist *Chochma*, Weisheit, *Binah*, Einsicht, und *Da'at*, Wissen, daher wird die Bewegung oft auch – nach den drei ersten Buchstaben ihres Mottos – *ChaBaD*-Chassidismus, genannt. Der große *Zaddik* oder »Rebbe« der Bewegung ist Rabbiner Menachem Schneerson. Er wurde 1902 in Rußland geboren, studierte sowohl säkulare Fächer als auch den traditionellen Stoff der *Thora* und kam 1941 nach Amerika. Er ist als der »Lubawitscher Rebbe« bekannt. Sein Sitz in Brooklyn war für viele ein spirituelles Zentrum. Der Lubawitscher Rebbe, 1994 verstorben, übte einen enormen Einfluß auf den Chassidismus in Amerika und der ganzen Welt aus. Viele seiner Anhänger halten ihn für den Messias und erwarten seine Wiederkunft. Sein Nachfolger ist bis heute nicht ernannt.

Der Rebbe hinterließ keine philosophischen Schriften, doch seine Vorträge, Briefe, Predigten und Kommentare fanden weite Verbreitung. Er versuchte, den Chassidismus mit modernem Denken zu verbinden. Seine Position war jedoch wesentlich orthodoxer und traditioneller als diejenige Heschels. Der Rebbe schrieb, die gesamte *Thora* sei heilig und kein einziger Teil von ihr unwichtig. Er bestand darauf, daß zwischen der modernen Wissenschaft und dem Judentum kein Konflikt bestehe:

»Wer behauptet, daß die Wissenschaft der Religion widerspricht, redet Unsinn. Wahre Wissenschaft ist mit dem Glauben eng vereinbar... Die *Thora* ist die Wahrheit und die Wissenschaft ist die Wahrheit – deswegen kann es zwischen den beiden keinen Konflikt geben. Die Entdeckungen der letzten Jahre bestätigten, was in der *Thora* steht – Vorstellungen, die die Wissenschaftler der letzten Generation nicht geglaubt hätten.«

In einer Jeschiwa in Mea Shearim wird das Morgengebet gelesen.

Der Rebbe stimmte den Ergebnissen der Wissenschaft jedoch nur dann zu, wenn sie mit der *Thora* in Einklang stehen. Daher lehnte er zum Beispiel Darwins Evolutionstheorie ab, da sie dem Wortlaut der biblischen Schöpfungsgeschichte widerspricht – genauso wie die geologische Ansicht, nach der die Welt Millionen Jahre alt ist. Dies würde nämlich mit der traditionellen Ansicht kollidieren, nach der die Welt vor gut sechstausend Jahren geschaffen wurde. Der Meinung des Rebben zufolge stammen die Fossilien, die von Anthropologen und Geologen entdeckt wurden, nicht aus einer prähistorischen Ära, sondern wurden von Gott zur Zeit der Schöpfung auf die Erde gebracht.

Der Chassidismus des Lubawitscher Rebben war praktisch orientiert. Er gründete auf dessen Glauben an den absoluten Wert von *Thora*-Studium und religiöser Spiritualität. Der Rebbe organisierte Kampagnen, um Juden anzuregen, die *Mitzwot* zu beachten wie das Anzünden von Kerzen am *Schabbat* und an Feiertagen, die *Kaschrut*-Regeln einzuhalten, täglich *Tefillin* zu tragen und am Türrahmen eine *Mesusa* anzubringen. Er sandte seine Anhänger aus in »*Mitzwa*-Mobilen«, kleinen Bussen voller Broschüren und Materialien, um die Lubawitscher Botschaft in den jüdischen Gemeinden zu verbreiten und Juden das Legen von *Tefillin* zu zeigen.

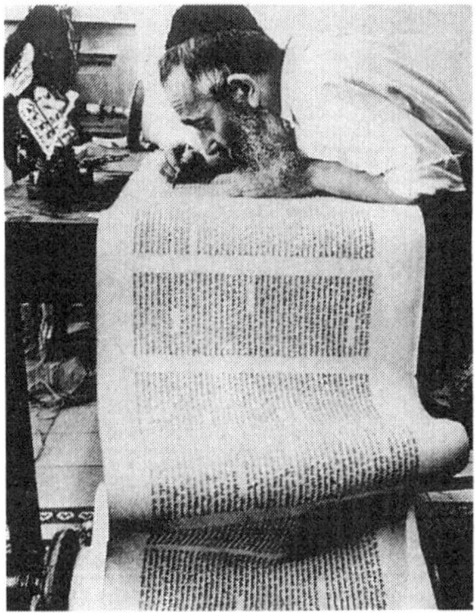

Ein jüdischer Schreiber korrigiert beschädigte Buchstaben in einer Thora-Rolle. Die Mystiker sagen, daß man in der kommenden Welt nicht nur die Buchstaben verstehen wird, sondern auch die Abstände dazwischen.

Seine »Missionare« reisten um die ganze Welt, um *Jeschiwot* und Synagogen zu errichten. Auch in deutschen jüdischen Gemeinden sind Lubawitscher aktiv und haben zum Beispiel in München beachtliches Ansehen und einigen Zulauf.

Der Rebbe, der zwar modern war in seinen Methoden, stand dennoch inhaltlich vollkommen auf dem Boden des orthodoxen Judentums, zum Beispiel in aktuellen Fragen wie der Gleichberechtigung der Frau. Er vertrat die Ansicht, daß bei Frauen die Emotionalität stärker ausgeprägt sei als die Intelligenz, daß ihre Funktion eine andere sei als die der Männer und daß sie sich vor allem mit genuin weiblichen *Mitzwot* befassen sollten, wie der *Mikwe*, dem Zünden der *Schabbat*-Kerzen und der Kindererziehung. Er war streng gegen jede Form von Geburtenregelung und Abtreibung.

Eine Vorstellung der Reform-Bewegung aufgreifend, glaubte auch der Rebbe an eine jüdische »Mission«. So schrieb er, Gott habe das Jüdische Volk über die ganze Welt zerstreut, um die Botschaft der *Thora* in jeden Winkel der Erde zu tragen und allen Menschen die Vorstellung des Monotheismus nahezubringen. Er betrachtete Israel als Beispiel für ein

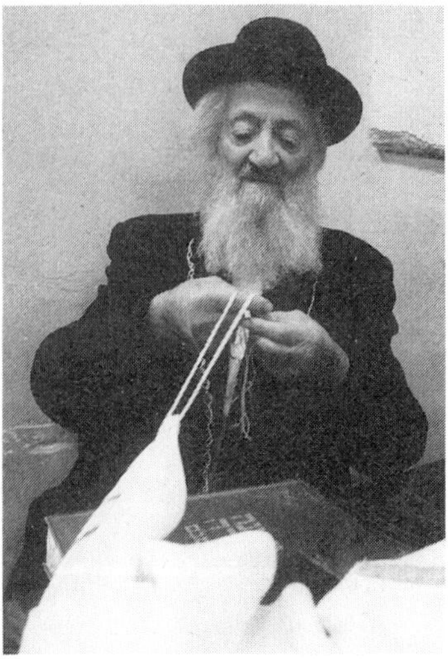

Das Leben als Gottesdienst: Dieser Mann fertigt Gebetsschals und handelt mit ihnen.

gelebtes *Thora*-Gesetz, aber die Weltlichkeit der Regierung in Israel bereitete ihm Sorgen. Seiner Meinung nach sei es heute leichter als früher, Israel dabei zu unterstützen, die traditionelle *Halacha* zu befolgen, weil die moderne Technologie und Wissenschaft die Produktivität gesteigert habe und Juden es sich jetzt leisten könnten, am *Schabbat* und an Festtagen zu ruhen. Er rief Israel dazu auf, die Grundsätze der *Thora* zu beachten und damit kein säkularer Staat zu sein, sondern ein Staat, in dem Religion und Regierung eine Einheit bilden.

In der Theorie glauben die Lubawitscher, daß man alle Juden lieben soll, auch diejenigen, welche die *Mitzwot* nicht befolgen. Dennoch schrieb der Rebbe einen Brief, in dem er seinen Anhängern verbot, mit nicht-orthodoxen Juden in Gemeindedachverbänden oder der örtlichen Rabbinervereinigung zusammenzuarbeiten. Er erklärte, die Zusammenarbeit mit Häretikern und Nichtgläubigen, wie er die konservativen und liberalen Juden nannte, sei eine Sünde. Die chassidische Bewegung beteiligt sich wenig an übergreifenden Fragen der jüdischen Gemeinschaft oder an sozialem Engagement – es sei denn, es geht um Angelegenheiten ihrer orthodoxen Gemeinde. Die Lubawitscher haben außerdem prinzipiell kein Interesse an interkonfessionellen oder interreligiösen Initiativen.

ChaBaD hat sich Grenzen und Ziele gesetzt: Vielen Menschen sollen die Lehren der chassidischen Orthodoxie lebendig nahe gebracht werden. Dabei nutzen die Lubawitscher wirkungsvoll moderne Werbemethoden, um ihre Überzeugungen zu verbreiten. Wenn die Anzahl der Chassidim heute wächst, ist dies vor allem auf den Einsatz der Lubawitscher zurückzuführen.

Das Judentum heute: Ein Überblick

Alle vier Strömungen des Judentums, die hier vorgestellt wurden, haben heute einen festen Platz im Leben der jüdischen Gemeinschaft. Nach der Darstellung der Geschichte, der treibenden Überzeugung, der Lehre und ihrer praktischen Umsetzung im täglichen Leben erscheint zum Abschluß ein Überblick über die Gesamtgemeinschaft des Judentums sinnvoll.

Die Reform-Bewegung

1. Die Reform-Bewegung lehrt, daß das Judentum eine sich entwickelnde Religion ist, die sich auch weiter wandeln muß, um zeitgemäß zu bleiben.
2. Viele unterschiedliche Gottesvorstellungen sind akzeptabel.
3. Nur die ethischen *Mitzwot* der *Thora* wurden von Gott offenbart und sind deshalb auf Dauer verbindlich. Rituelle Gesetze wurden von Menschen entwickelt, um den religiösen Bedürfnissen ihrer Zeit zu entsprechen. Diese Gesetze können von Generation zu Generation neu ausgelegt werden, um so das religiöse Leben zu bereichern und das Jüdische Volk zu einigen. Das Befolgen der *Mitzwot* unterliegt der persönlichen Gewissensentscheidung. Anleitungen zur Gestaltung eines religiösen Alltagslebens helfen dabei.
4. Das Gebet, der Gottesdienst und die Sprache des Gebetbuches müssen sich jeder Generation verständlich anpassen, um zu den Menschen zu sprechen.
5. Das jüdische Volk ist ein geistiges Volk, dessen besondere Aufgabe es ist, der ganzen Welt Monotheismus und Ethik nahezubringen.
6. Das Land Israel muß zum spirituellen und moralischen Zentrum des Judentums in der Welt werden, dabei ist aber die Trennung von Religion und Staat wichtig.
7. Sozial-gesellschaftliches Engagement und das Engagement für den Mitmenschen im Geiste der Propheten Israels sind für die Botschaft des Judentums grundlegend und von jedem Juden zu praktizieren.
8. Die Reform-Bewegung ist im interreligiösen Dialog aktiv und davon überzeugt, daß dies dazu beiträgt, religiöse Vorurteile zu beseitigen.

Wichtige Fakten

1. Die Reform-Bewegung ist dynamisch, änderungsbereit und neuen Gedanken und Ansichten gegenüber aufgeschlossen.
2. Der zu häufig ignorierte ethische Kern des Judentums wurde von der Reform-Bewegung neu entdeckt. Dabei wurde der Bezug zur Tradition nie aus dem Auge verloren.
3. Das Reform-Judentum hat die Juden gelehrt, daß sie in und mit dieser Welt leben können, sich mit weltlichen Herausforderungen und Problemen auseinandersetzen müssen, Teil der Gesellschaft sind und trotzdem Juden bleiben können.
4. Die Reform-Bewegung war jederzeit bereit, mit neuen Bräuchen, Zeremonien und Ritualen, die das jüdische Leben stärken, offen umzugehen.

Das konservative Judentum

1. Das Judentum wird als eine sich ändernde religiöse Zivilisation betrachtet.
2. Das konservative Judentum versucht, Tradition und Moderne, die Lehren der Vergangenheit und die Bedürfnisse der Gegenwart und Zukunft ins Gleichgewicht zu bringen.
3. Das Hauptziel des Judentums ist das Weiterbestehen des Jüdischen Volkes.
4. Die konservative Bewegung akzeptiert die *Thora* als das offenbarte Wort Gottes, jedoch nicht im wörtlichen Sinn. Sie lehrt, daß Menschen bei der Interpretation der *Thora* stets beteiligt waren. Die *Thora* und das jüdische Gesetz haben sich also im Laufe der Geschichte geändert. Die konservative Bewegung besteht darauf, daß die *Halacha* ständig neu auszulegen ist, weil sich auch die ethischen, sozialen und wirtschaftlichen Verhältnisse ändern. Obwohl die konservative Bewegung der Tradition eine große Bedeutung beimißt und von ihren Mitgliedern erwartet, daß sie sich am Religionsgesetz orientieren, ist sie dazu bereit, einige rituelle Gesetze anzupassen.
5. Die Synagoge ist neben der Familie die jüdische Institution schlechthin. Die jüdische Gemeinde muß den unterschiedlichen Bedürfnissen der Juden gerecht werden. Gebete und Gottesdienste können der Moderne angepaßt werden, aber mit Respekt vor der hebräischen Sprache und der Dominanz der Tradition. Umfassende jüdische Ausbildung, einschließlich jüdischer Tages- und Oberschulen, wird nachdrücklich empfohlen.
6. Das Jüdische Volk bildet eine große Einheit und soll sich zu einer weltweiten Gemeinschaft verbinden.
7. Israel ist das heilige Land und soll das geistige und kulturelle Zen-

trum des Judentums in der Welt bilden. Es ist eine *Mitzwa*, Israel zu unterstützen und sich dort niederzulassen. Das konservative Judentum verlangt jedoch von Israel, Religion und Staat zu trennen.

8. Sozial-gesellschaftliches Engagement für Bürger- und Menschenrechte ist wichtig.
9. Interreligiöser Dialog unter Gelehrten und Rabbinern soll gefördert werden, weil er zu Frieden, Verständigung und Harmonie beiträgt.

Wichtige Fakten

1. Für die konservative Bewegung steht das Jüdische Volk im Zentrum der Überlegungen für ein kreatives Weiterbestehen.
2. Die konservative Bewegung sucht ein Gleichgewicht zwischen Tradition und Entwicklung, Altem und Neuem, Ritual und Ethik.
3. Die konservative Bewegung modernisiert eher mittels vorsichtiger Anpassung als mittels deutlicher Veränderung.
4. Da die konservative Bewegung keine pointierten Positionen vertritt, findet sie bei vielen Juden Anklang.

Das rekonstruktionistische Judentum

1. Das Judentum wird als eine sich ändernde und entwickelnde, religiöse Zivilisation betrachtet, die stets Wandel unterworfen war und sich heute in einem Zeitalter der Demokratie und der freien Wahl befindet.
2. Die jüdische Zivilisation soll das kreative Weiterbestehen des Jüdischen Volkes sichern.
3. Jüdische Werte müssen neu interpretiert werden, um dieses Weiterbestehen in der Zukunft zu garantieren und zu fördern.
4. Gott ist eine natürliche Macht oder ein Prozeß, kein außerweltliches Wesen. Gott ist die Macht, die menschliche Erlösung bringt. Unsere Gottesvorstellung sollte sich eher aus der Erfahrung speisen und nicht aus philosophischen Überlegungen.
5. Der Rekonstruktionismus betrachtet die *Thora* nicht als das offenbarte Wort Gottes, sondern als Protokoll der Suche des Menschen nach der Gegenwart Gottes in unserer Welt. *Halacha* und *Mitzwot* sind für Juden nicht länger verbindlich. Nur diejenigen Bräuche und Gepflogenheiten sind bedeutsam, die unser religiöses Leben bereichern und uns als Volk einen. Die Menschen haben das Recht, die Befolgung der Gebote gemeinsam demokratisch zu bestimmen.
6. Die Synagoge muß das Zentrum aller jüdischen Aktivitäten sein. Die Gebete können geändert werden, wenn sich unsere ethischen und religiösen Gedanken und Überzeugungen ändern.

7. Der Rekonstruktionismus lehnt den Gedanken ab, daß Juden das auserwählte Volk bilden. Er verlangt jedoch von Juden, daß sie ihre Aufgabe als ein Volk erfüllen, das nach dem Bild Gottes geschaffen ist.
8. Der Rekonstruktionismus möchte aus *Eretz Jisraël* ein geistiges Zentrum für das Judentum der Welt machen, das das Judentum weltweit mit neuer ethischer und religiöser Inspiration bereichert.
9. Die jüdische Gemeinschaft soll sich weltweit in »organischen« Gemeinden vereinigen und sich gegenseitig bereichern und bestärken.
10. Sozial-gesellschaftliches Engagement ist der Kern der Botschaft des Judentums und soll von allen Juden betrieben werden.
11. Interreligiöse Aktivitäten führen oft zu Problemen und gegenseitigem Aufrechnen und sollen vermieden werden, wenn sie nicht im Interesse aller betrieben werden.

Wichtige Fakten

1. Der Rekonstruktionismus spricht von der Notwendigkeit, das kreative Fortbestehen des jüdischen Volkes zu fördern.
2. Der Rekonstruktionismus hat Respekt vor der Tradition, ohne sich davon eingeengt zu fühlen. Er weist auf das Bedürfnis der Menschen hin, selbst eine bedeutende Rolle im Entscheidungsprozeß einzunehmen, wie sie ihren Glauben leben wollen.
3. Der Rekonstruktionismus beruht auf menschlicher Erfahrung, die uns allen zugänglich ist – und nicht nur auf alten Texten.
4. Der Rekonstruktionismus interpretiert alte Werte neu nach gegenwärtigen Vorstellungen.
5. Der Rekonstruktionismus erinnert uns an die Notwendigkeit, in zwei Zivilisationen gleichzeitig zu leben, und an die Möglichkeit, von beiden bereichert zu werden.
6. Der Rekonstruktionismus bietet wichtige Anregungen zum Weiterdenken und hat dabei geholfen, alte Mythen zu erschüttern.

Die Orthodoxie

1. Die Orthodoxie lehrt, daß Gott ein übernatürliches, übermenschliches Wesen ist, das Wunder wirkt, Gebete hört, unsere Gedanken und Taten kennt und allmächtig, allgütig, allgegenwärtig und allwissend ist.
2. Die *Thora* ist im Ganzen und in jeder Hinsicht das Wort Gottes, so wie Gott sie am Berg Sinai offenbarte, und sie ist für alle Zeiten verbindlich. Die Interpretationen der Weisen im *Talmud* und in den anderen Kodizes sind ebenfalls verbindlich und Teil der *Thora*. *Halacha* und *Mitzwot* sind für das Judentum grundlegend wichtig und dürfen nur von her-

ausragenden Gesetzeskapazitäten neu interpretiert werden. Orthodoxe Juden müssen möglichst viele der sechshundertdreizehn Gebote beachten, ohne den Willen Gottes in Frage zu stellen. Das Judentum soll nicht jedem Trend nachgeben, sondern die Tradition von Generation zu Generation bewahren, damit das Jüdische Volk weiter bestehen kann.

3. Der Synagogalgottesdienst und die Gebete dürfen nicht geändert werden. Jüdische Kinder sollen – wo auch immer – eine *Jeschiwa*-Ausbildung erhalten, mit dem *Talmud* und der Bibel als Schwerpunkt.
4. Das Jüdische Volk wurde von Gott auserwählt, um die *Mitzwot* zu beachten und das Wort Gottes in der ganzen Welt zu verbreiten. Die orthodoxe Bewegung ist überzeugt, daß ihre Version des Judentums die einzig richtige ist und daß andere Strömungen und Ansätze im Judentum gefährlich, wenn nicht sogar sündhaft sind.
5. Der Staat Israel ist das heilige Land des Jüdischen Volkes und muß auf der *Thora*, der Tradition und der *Halacha* beruhen. Sie sind der Schlüssel zu einem spirituellen Wiederaufleben für das Judentum in der Welt und das jüdische Gesetz.
6. Die Orthodoxie ist grundsätzlich dazu bereit, mit anderen jüdischen Gruppen zusammenzuarbeiten (vor allem, wenn sie von orthodoxer Bedeutung sind), war jedoch in letzter Zeit immer weniger an engerer Kooperation interessiert.
7. Die Orthodoxie hat sich mit Fragen der Gesellschaftsveränderung kaum beschäftigt, außer in eigenen jüdischen Angelegenheiten oder wenn es um orthodoxe Ziele ging.
8. Die Orthodoxie wendet sich im Grunde gegen interreligiöse Aktivitäten und betrachtet sie als eine potentielle Gefahr, den orthodoxen Standpunkt zu verlieren.

Wichtige Fakten

1. Die Orthodoxie hat klare, fest formulierte und einfache Glaubensgrundsätze.
2. Da sie glaubt, die gesamte *Thora* sei das Wort Gottes, ist es für einen orthodoxen Juden einfach zu wissen, was von ihm verlangt wird: ohne jegliches Hinterfragen die *Mitzwot* zu beachten.
3. Anhänger der Orthodoxie bringen gerne große Opfer für ihre Religion. Orthodoxe Juden sind im Prinzip die einzigen, die die *Mitzwot* umfassend und wortgenau befolgen.
4. Die orthodoxe Gemeinschaft hat über ihre vielen *Jeschiwot* die Bedeutung einer umfassenden jüdischen Ausbildung betont.
5. Die Orthodoxie hat Juden eine starke Verbindung zur Tradition und der jüdischen Vergangenheit erhalten.

Progressives Judentum				Orthodoxes Judentum		Ultra-Orthodoxes Judentum	
Rekonstruktionismus	**Liberales Judentum/ Reformjudentum**		**Konservatives Judentum**				
In den USA, Zentralamerika und Israel	Die Reform-Gemeinde in Berlin-Johannisstraße vor dem Zweiten Weltkrieg Die klassische Reform-Bewegung in den USA im Geist der »Pittsburgh Platform« Die »Union of Liberal and Progressive Synagogues« in Großbritannien und Irland	Das deutsche liberale Judentum bis 1938 (und Berlin bis heute) Die Reform-Bewegung in den USA im Geist der »Columbus Platform« Die »Reform Synagogues of Great Britain« Die Reform-Bewegung in Australien und Neuseeland, Belgien, Zentralamerika, der Tschechischen Republik, der GUS, Ungarn, Indien Das progressive Judentum in Israel, Südafrika, Spanien, Schweden, Südamerika und Simbabwe Das liberale Judentum in Frankreich und in den Niederlanden Die »Union progressiver Juden in Deutschland, Österreich und der Schweiz«	Das konservative Judentum in den USA (liberal-konservativ, konservative Mitte und konservative-traditionelle Rechte) International: die »Masorti«-Bewegung, vor allem in Israel, Großbritannien und Südamerika	Neo-Orthodoxie in Deutschland bis 1938 (Orthodoxie der Vorkriegs-Einheitsgemeinden) »Modern Orthodoxy« in den USA und der Welt Der Ritus der Jüdischen Gemeinde in Rom (Minhag Italia) »Mizrachi« (in Israel: »Mafdal«)	Orthodoxe Austrittsgemeinden in Deutschland: – »Israelitische Religionsgesellschaft« in Frankfurt (Samson Raphael Hirsch) – »Adass Jisroel« Gemeinde in Berlin (Ezriel Hildesheimer) Die »Union of Orthodox Jewish Congregations« in den USA Das traditionelle litauisch-geprägte Judentum Osteuropas (Mitnagdim des Gaon von Wilna) Das Judentum Nordafrikas, Frankreichs, des Jemen und des Nahen Ostens Die Mehrzahl deutscher Einheitsgemeinden heute	Der Chassidismus zum Beispiel die »Chabad«-Bewegung, die Satmer Chassidim	Die Charedim »Agudat Jisraël« »Shas« »Neture Karta« »Gusch Emunim«
»World Union for Progressive Judaism«			**»World Council of Synagogues«**				

Diese schematische Darstellung kann nur einen Überblick bieten, selbstverständlich sind die einzelnen Gruppierungen differenzierter. Mit freundlicher Unterstützung von Rabbiner Tovia Ben-Chorin.

Glossar

Aguna (עֲגוּנָה »Verlassene«): Eine Frau, die nicht in einer Synagoge heiraten darf, da ihre Ehe noch nicht gelöst ist.

Alija (עֲלִיָּה »Aufstieg«), Plural *Alijot*: Die Ehrung, dazu aufgefordert zu werden, während eines Gottesdienstes die Lobsprüche über die *Thora* zu rezitieren. Derselbe Begriff bezeichnet auch die Emigration nach Israel.

Aschkenasisch (אַשְׁכְּנַזִּי Adjektiv, das von einer biblischen Bezeichnung für ein Volk im Norden abgeleitet ist – Gen 10,3): Seit dem Mittelalter die Bezeichnung für Jüdinnen und Juden aus Zentral- und Osteuropa.

Bar/Bat-Mitzwa (בַּר/בַּת־מִצְוָה »Sohn/Tochter des Gebots«): Eine Zeremonie für Jungen und Mädchen im Alter von dreizehn Jahren, bei der sie zu *Thora* aufgerufen werden und die den Beginn des jüdischen Erwachsenenalters markiert. Ebenso Bezeichnung für den betreffenden Jungen beziehungsweise das betreffende Mädchen an diesem Tag.

Berachot (בְּרָכוֹת »Segnungen; Lobsprüche«), Singular: *Beracha*: Bezeichnung für jüdische Gebete.

Bet Din (בֵּית־דִּין »Gerichtshof«): Rabbinatsgericht, das sich heute vor allem mit Statusfragen wie Konversionen, Adoptionen und Scheidungen beschäftigt. Der Aw Bet Din steht dem Gericht vor.

Chaliza (חֲלִיצָה »[Das] Ausziehen [des Schuhs]«): Zeremonie, in der ein Mann seine Weigerung bekundet, die kinderlose Witwe seines verstorbenen Bruders zu heiraten. Die Grundlage dieser Zeremonie ist Deuteronomium 25,9.

Chametz (חָמֵץ »Gesäuertes«): Lebensmittel, das Sauerteig enthält und deshalb während des Pessachfestes (**Pessach*) nicht gegessen werden darf. Der Brauch basiert auf Exodus 12,15.

Chanukka (חֲנֻכָּה »Weihung«): Ein Fest, an dem die Wiedereinweihung des Tempels durch die Makkabäer 167 v.d.Z. gefeiert wird und das Überleben des jüdischen Glaubens trotz der Versuche der Seleukiden, ihn zu zerstören. Das Fest beginnt am 25. Kislew (Nov./Dez.) und dauert acht Tage.

Chasan (חַזָּן »Kantor«), Geschulter Sänger, der das Gemeindegebet leitet. In progressiven Synagogen kann dies auch eine Frau sein.

Chawura (חֲבוּרָה »Gruppe«), Plural: *Chawurot*: Ein kleiner Zusammenschluß Gleichgesinnter, die sich zum Gebet, Studium und jüdischen Feiern treffen.

Chewra Kadischa (חֶבְרָא קַדִּישָׁא aramäisch »Heilige Bruderschaft«): Beerdigungsgesellschaft, die vor allem für die Reinigung und Einkleidung eines Leichnams zuständig ist, darüber hinaus auch für alle anderen Aufgaben, die bei einem Sterbenden und einer Bestattung anfallen. Die Mitarbeit in einer *Chewra Kadischa* gilt als eine höchst verdienstvolle Tat.

Diaspora (griechisch »Zerstreuung«): Jedes Land, in dem Jüdinnen und Juden außerhalb Israels leben. Das hebräische Wort für *Diaspora* ist **Galut* גָּלוּת oder *Tefuza* תְּפוּצָה.

Eretz Jisraël (אֶרֶץ־יִשְׂרָאֵל »Land Israel«): Hebräische Bezeichnung für das Land Israel im Unterschied zum Staat Israel מְדִינַת־יִשְׂרָאֵל *Medinat Jisraël* oder Volk Israel עַם־יִשְׂרָאֵל *Am Jisraël*.

Etrog (אֶתְרוֹג, gedeutet als »Frucht eines prächtigen Baumes«: oft *citrus medicina*): Zitrusfrucht, die im **Lulaw*, dem Strauß der vier Arten zu **Sukkot*, verwendet wird.

Galut (גָּלוּת »Verbannung«): siehe *Diaspora*.

Get (גֵּט »Scheidebrief«), Plural *Gittin*: Ein Dokument, das die religiöse Scheidung eines Paares bezeugt. Es hebt die Gelöbnisse auf, die bei der Hochzeit in einer Synagoge gesagt wurden.

Haggada (הַגָּדָה »Erzählung«): Ein Buch, das während des **Seders* an **Pessach* gelesen wird und vom Auszug aus Ägypten erzählt.

Halacha (הֲלָכָה »Der Wandel«), Adjektiv: *halachisch*: Das jüdische Gesetz, das sich auf die Bibel und die rabbinische Literatur gründet.

Jeschiwa (יְשִׁיבָה Schule, wörtlich: »das Sitzen«): Einrichtung für jüdische Studien, vor allem des **Talmud*-Studiums.

Jom Kippur (יוֹם־כִּפּוּר »Versöhnungstag«): Ein Tag, den man mit Beten, Reue und Fasten verbringt.

K'lal Jisraël (כְּלָל יִשְׂרָאֵל »Die Gesamtheit Israels«): Bezeichnung für die Vorstellung, daß alle Jüdinnen und Juden als Teil desselben Volkes miteinander verbunden sind, trotz ihrer religiösen und kulturellen Unterschiede und ihrer verschiedenen Nationalitäten.

Kaddisch (קַדִּישׁ aramäisch »Heilig«): Gebet am Ende von Wochentags-, **Schabbat*- und Festtagsgottesdiensten zum Lob Gottes. Im ersten Jahr nach dem Tod eines Menschen wird das *Kaddisch* von einem Angehörigen im **Schabbat*-Gottesdienst zu seinem Gedenken gesprochen. Vor dem Gebet werden deshalb die Verstorbenen genannt.

Kaschrut (כַּשְׁרוּת »Eignung«): Speisegesetze über verbotene und erlaubte Nahrungsmittel.

Kawana (כַּוָּנָה »Andacht«): Die Tatsache, daß man auf die Bedeutung der Gebete achtet und sie nicht mechanisch zitiert.

Kehilla (קְהִלָּה »Gemeinde«), Plural: *Kehillot*: Hebräische Bezeichnung für eine jüdische Gemeinde.

Keria (קְרִיעָה »Einreißen«): Die Handlung, die Kleidung, die ein Trauernder trägt, vor der Beerdigung etwas einzureißen.

Ketuba (כְּתֻבָּה »Urkunde«): Die Heiratsurkunde, die Braut und Bräutigam unterschreiben und die in der Zeremonie vorgelesen wird.

Kiddusch (קִדּוּשׁ »Heiligung«): Zeremonie zu Beginn von **Schabbat* und Festtagen und vor einer Mahlzeit am **Schabbat*, in der Gebete und Lobsprüche über einen Becher Wein gesprochen werden.

Kippa (כִּפָּה »Bedeckung«): Kopfbedeckung, die einige ständig, andere nur während des Gebets tragen.

Kittel (jiddisch »Kleid«): Ein weißes Kleidungsstück. Es wird an den hohen Feiertagen getragen, vom Bräutigam während der Hochzeitszeremonie, vom Leiter beziehungsweise der Leiterin des **Seders*. Es ist auch das Totengewand, in dem der Verstorbene begraben wird.

Kohen (כֹּהֵן »Priester«): Nachkomme des Hohepriesters Aaron, der in orthodoxen Synagogen nach wie vor eine priesterliche Funktion hat.

Koscher (כָּשֵׁר »geeignet«): Nahrung, die Jüdinnen und Juden nach den Speisegesetzen essen dürfen.

Lulaw (לוּלָב »Palmzweig«): Der größte Zweig im Feststrauß an **Sukkot*. Der gesamte Strauß besteht aus vier Arten von Pflanzen: Palmzweig (**Lulaw*), Bachweide, Myrthe und der Zitrusfrucht **Etrog*.

Machsor (מַחְזוֹר »Zyklus«): Gebetbuch für die Festtage.

Mazza (מַצָּה), Plural *Mazzot*, jidd. *Mazze*: Ungesäuertes, unter besonderen Bedingungen gebackenes Brot, das an **Pessach* verzehrt wird.

Mechitza (מְחִיצָה »Trennwand«): Die Trennwand zwischen Männern und Frauen in orthodoxen Synagogen.

Mesusa (מְזוּזָה »Türpfosten«): Behälter, der die ersten beiden Abschnitte des **Sch'ma* enthält und am Türrahmen der Haustür und anderer Räume angebracht wird.

Midrasch (מִדְרָשׁ »Schriftauslegung«): Bezeichnung für eine bestimmte Art und Weise erbaulicher jüdischer Schriftauslegung, die vor allem in der Antike und im Mittelalter beliebt war.

Mikwe (מִקְוָה »Wasseransammlung«), Plural *Mikwaot*: Rituelles Bad, das nach dem **Talmud* bestimmte Maße hat und fließendes Wasser enthalten muß. Sie wird von Kandidaten vor deren Konversion zum

Judentum aufgesucht und kann von Frauen nach ihrer Menstruation sowie von Braut und Bräutigam vor ihrer Hochzeit benutzt werden.

Minhag (מִנְהָג »Brauch«): Bezeichnung für einen Brauch, der sich gebildet hat und von Ort zu Ort verschieden sein kann.

Minjan (מִנְיָן »Anzahl«), Plural: *Minjanim* : Die Gegenwart von zehn Personen, die traditionell für bestimmte Gebete, die öffentlich gesagt werden sollen, erforderlich ist.

Mischna (מִשְׁנָה mündliche Lehre, wörtlich: »Wiederholung«): Rabbinischer Kommentar zur Bibel, der nach 200 d.Z. redigiert wurde.

Mitnagdim (מִתְנַגְּדִים »Gegner«): Orthodoxe Juden, vor allem in Litauen und Weißrußland, erbitterte Gegner der osteuropäischen **Chassidim* des 18. Jahrhunderts.

Mitzwa (מִצְוָה »Gebot«), Plural: *Mitzwot*: Eines der sechshundertdreizehn Gebote der Bibel. Ebenso allgemein eine gute Tat. Auch eine Ehrung in einem Synagogen-Gottesdienst.

Mohel (מוֹהֵל »Beschneider«), Plural: *Mohalim*: Bezeichnung für die Person, die die Beschneidung durchführt.

Pessach (פֶּסַח »Passa«, wörtl.: Vorübergehen): Fest, an dem der Auszug aus Ägypten gefeiert wird. Siehe auch **Haggada* und **Seder*.

Pilgerfeste (שָׁלוֹשׁ רְגָלִים): Oberbegriff für die drei Feste, von denen die Bibel fordert, daß sie im Heiligtum gefeiert werden und daher eine Pilgerfahrt zum Tempel nötig war. Es sind: **Pessach*, **Schawuot* und **Sukkot*. Im Deutschen werden sie gelegentlich auch »Wallfahrtsfeste« genannt.

Purim (פּוּרִים »Lose«): Fest, an dem die Befreiung der persischen Juden vor Hamans Vernichtungsplan gefeiert wird. Die Geschichte dieses Festes erzählt das biblische Buch Esther.

Rosch ha-Schana (רֹאשׁ־הַשָּׁנָה »Beginn des Jahres«) Das jüdische Neujahrsfest.

Sanhedrin (סַנְהֶדְרִין von griechisch synhedrion »Ratsversammlung«): Versammlung von einundsiebzig Ältesten, die in Jerusalem zusammenkam und die höchste richterliche Instanz im alten Israel war.

Sch'ma (שְׁמַע »Höre!«): Text aus Deuteronomium 6,4-9; 11,13-21 und Numeri 15,37-41, der in allen Morgen- und Abendgottesdiensten zitiert wird.

Schabbat (שַׁבָּת »Pause«): Der Ruhetag, der am Freitagabend beginnt.

Schawuot (שָׁבוּעוֹת »Wochen«): Fest, an dem die Offenbarung am Berg Sinai gefeiert wird.

Scheitl (jiddisch: »Perücke«): Perücke, die von streng orthodoxen Frauen nach ihrer Hochzeit als Zeichen der Bescheidenheit getragen wird.

Schiw'a (שִׁבְעָה »sieben«): Die erste Woche der Trauerzeit nach dem Verlust eines engen Angehörigen.

Scho'ah (שׁוֹאָה »Katastrophe«): Bezeichung für den Mord an sechs Millionen Juden während der nationalsozialisten Herrschaft. Auch: *Holocaust* (griechisch »Brandopfer«).

Schochetim (שׁוֹחֲטִים »Schlächter«): Personen, die Tiere nach jüdischer Vorschrift rituell schlachten.

Schulchan Aruch (שֻׁלְחָן עָרוּךְ »Gedeckter Tisch«): Titel eines Werks aus dem 16. Jahrhundert von Josef Caro, in dem die Hauptpraktiken des jüdischen Gesetzes zusammengefaßt werden. Es wurde als Festlegung anerkannt und diente dazu, verschiedene Bräuche zu normieren.

Seder (סֵדֶר »Ordnung«), Plural: *Sedarim*: Name des Gottesdienstes zu Beginn des Pessachfestes (**Pessach*). Siehe auch **Haggada.*

Sephardisch (סְפָרַדִּי von einem biblischen Ortsnamen (Obadja 20) abgeleitetes Adjektiv): Seit dem Mittelalter die Bezeichung für Jüdinnen und Juden von der iberischen Halbinsel und dem Mittelmeerraum.

Semicha (סְמִיכָה »Handauflegung«): Ordinationszeremonie für Rabbinerinnen und Rabbiner. Durch den Segen, der mit Handauflegung über den Kanditaten/die Kandidatin gesprochen wird, wird die Tradition Israels von einer Rabbinergeneration an die nächste weitergegeben.

Siddur (סִדּוּר »Ordnung«): Hebräische Bezeichnung für ein Gebetbuch für **Schabbat* und Wochentage.

Sukkot (סֻכּוֹת »Hütten«; Singular: סֻכָּה *Sukka* »Hütte«): Fest, an dem an die Wanderung der Israeliten durch die Wüste erinnert wird. Zeit der Obsternte. Eines der wichtigsten Symbole dieses Festes ist der Bau einer *Sukka.*

Tallit (טַלִּית »Überwurf«): Viereckiger Gebetsschal.

Talmud (תַּלְמוּד »Lehre«): Rabbinischer Kommentar über die **Mischna*, hauptsächlich in aramäischer Sprache. Der *Talmud* wurde um 400 n.d.Z. in einer palästinischen Version und um 500 n.d.Z. in babylonischer Version redigiert. Diese setzte sich als autoritativ durch und wurde die Quelle für das jüdische Gesetz.

Tefillin (תְּפִלִּין »Gebetskapseln«): Lederbehälter, die das **Sch'ma* enthalten und die man entsprechend der Anweisung in Dtn. 6,8 während des täglichen Morgengebets auf dem Kopf und am Arm trägt.

Thora (תּוֹרָה »Lehre«): Die fünf Bücher Moses. Wird auch benutzt, um die gesamte jüdische Lehre zu bezeichnen.

Tischa be-Aw (תִּשְׁעָה בְּאָב 9. Aw): Fasttag zur Erinnerung an die Zerstörung des ersten und zweiten Tempels in Jerusalem und anderer Tragödien in der jüdischen Geschichte.

Zaddik (צַדִּיק »gerecht«): Bezeichnung für einen Menschen, der vollkommen nach Gottes Geboten lebt.

Abkürzungen

ARZA	American Reform Zionist Association
CCAR	Central Conference of American Rabbis
HUC	Hebrew Union College
JIR	Jewish Institute of Religion
JTS	Jewish Theological Seminary
RSGB	Reform Synagogues of Great Britain
UAHC	Union of American Hebrew Congregations
ULPS	Union of Liberal and Progressive Synagogues
WUPJ	World Union for Progressive Judaism

Literatur

BEN-CHORIN, Schalom: Jenseits von Orthodoxie und Liberalismus – Versuch über die jüdische Glaubenslage der Gegenwart. Neuauflage Tübingen 1991.

BOROWITZ, Eugene: Reform Judaism Today. New York 1983.

– Ders.: Choices in Modern Jewish Thought. New York 1995.

BUBER, Martin: Ich und Du. Gerlingen [12]1994.

DUBNOW, Simon: Geschichte des Chassidismus. 2 Bände, Nachdruck Berlin 1931.

GOLDBERG, David J. und RAYNER, John D.: The Jewish People – Their History and Their Religion. London 1987.

HERTZBERG, Arthur: Judaismus – Die Grundlagen der jüdischen Religion. München 1993.

JACOBS, Louis: A Jewish Theology. New York 1973.

– Ders.: We Have Reason to Believe – Some Aspects of Jewish Theology examined in the Light of Modern Thought. London 1995.

KOHLER, Kaufmann: Grundriß einer systematischen Theologie des Judentums auf geschichtlicher Grundlage. Nachdruck Hildesheim, New York 1979.

LAU, Israel M.: Wie Juden leben – Glaube, Alltag, Feste. Gütersloh 1988.

MEYER, Michael A.: Response to Modernity – A History of the Reform Movement in Judaism. Oxford 1988.

MUCH, Theodor: Judentum wie es wirklich ist. Wien 1997.

PETUCHOWSKI, Jakob J.: Prayerbook Reform in Europe. New York 1968.

– Ders.: Wie Juden beten. Gütersloh 1998.

ROMAIN, Jonathan und HOMOLKA, Walter: Progressives Judentum – Leben und Lehre. München 1999.

RAYNER, John D. und HOOKER, Bernard: Judaism for Today – An ancient faith with a modern message. London 1978.

ROSENTHAL, Gilbert S.: Contemporary Judaism. New York 1986.

RUDAVSKY, David: Modern Jewish Religious Movements - A History of Emancipation and Adjustment. New York 1979.

SCHOLEM, Gershom: Über einige Grundbegriffe des Judentums. Neuauflage, Frankfurt am Main 1996.

SELIGMANN, Caesar: Geschichte der jüdischen Reformbewegung. Frankfurt am Main 1922.